SPANISCH
in vier Wochen
Ein Kompakt-Sprachkurs

W0044569

SPANISCH
in vier Wochen
Ein Kompakt-Sprachkurs

Spanisch in vier Wochen
Ein Kompakt-Sprachkurs
© by Tigris Verlag GmbH in der
VEMAG Verlags- und Medien Aktiengesellschaft, Köln
Autor: Rolf Althof unter Mitwirkung von Maria Jesus Garcia
Redaktion: Antonie Schweitzer
Inlay-Gestaltung: Ruth Esser
Inlay-Motiv: Ruth Esser
Satzarbeiten: 3SATZ Hoffmann, Köln
Gesamtherstellung: Ebner Ulm
Printed in Germany
Alle Rechte vorbehalten
Vervielfältigung und öffentliche Aufführung
der Tonträger nicht gestattet.
ISBN 3-632-98959-1

Vorwort

In einer Zeit, in der Entfernungen zunehmend schneller und häufiger überwunden werden und die zahlreichen Staaten Europas immer enger zusammenwachsen, nimmt auch der Kontakt zu den Nachbarn in den anderen europäischen Staaten ständig zu. Dies gilt sowohl in beruflicher als auch in touristischer Hinsicht. Damit aber kommt dem Lernen von Fremdsprachen zentrale Bedeutung zu. Sprachen sind zunächst und vor allem Mittel zur Verständigung in den verschiedensten Situationen, aber sie sind dabei gleichzeitig Spiegel der Geschichte, der Kultur und des Denkens der Menschen der jeweiligen Länder.

Spanisch in vier Wochen verbindet diese verschiedenen Inhalte und Funktionen von Sprache und führt Sie zudem, ähnlich wie ein Reiseführer, zu einigen der kulturell bedeutsamen, touristischen Attraktionen Spaniens. Sie erlernen die spanische Sprache, indem Sie Mónica Ferrán und Jorge Castro auf ihrer Rundreise begleiten, die sie typische Situationen des täglichen Lebens bewältigen läßt, wie sie etwa auch die Richtlinien des Deutschen Volkshochschul-Verbands oder die Empfehlungen des Europarats für das Erlernen von Fremdsprachen für unerläßlich halten. Darüber hinaus erfahren Sie Wissenswertes über Orte wie Toledo, El Escorial, Avila, Simancas, Salamanca oder Madrid. Zu den Situationen wie den kulturell bedeutsamen Stätten finden Sie Dialoge im Buch und auf den Kassetten sowie praxisorientierte Übungen, die Ihnen die Möglichkeit geben, ein angemessenes Einsetzen der Fremdsprache in bestimmten, klar definierten Kommunikationssituationen zu trainieren. Außerdem wurde darauf geachtet, daß die Übungen abwechslungsreich gestaltet sind und auch die grammatischen Grundlagen mit eingeübt werden. Eine weitere Art von Übungen erlaubt es Ihnen, Ihr Verstehen der Texte zu überprüfen. Alle Übungen sind mit Lösungen versehen, die Sie entweder im Buch oder auf der Kassette finden.

Spanisch in vier Wochen wendet sich in erster Linie an diejenigen, die schon Grundkenntnisse der spanischen Sprache haben, die aber – aus welchen

Gründen auch immer — ihre Versuche, Spanisch zu lernen, abgebrochen haben und nun im Selbststudium einen neuen Anlauf nehmen möchten. Die Ausrichtung des Kurses als Kompaktkurs besagt dabei einerseits, daß alle Grundlagen vermittelt werden, daß aber andererseits ein zügiges Fortschreiten erfolgt und ein breiter Wortschatz erlernt werden soll. Obwohl das gesprochene Wort im Mittelpunkt steht, bietet der Kurs unter der Rubrik *Sabia usted que...* nicht nur zusätzliche Lesetexte zur Landeskunde an, sondern ist so konzipiert, daß Sie die Dialoge auch für sich genommen als Buch lesen können, etwa so, als würden Sie ein Theaterstück lesen.

Hinweise zum erfolgreichen Einsatz von *Spanisch in vier Wochen*

DAS BUCH

Das Buch enthält alle Dialoge des Kurses; die weitaus meisten davon finden Sie auch auf den Kassetten. Sie sind durch den Buchstaben C gekennzeichnet. Einige Dialoge, die keine zentralen Informationen, grammatischen Strukturen oder Formen enthalten, aber notwendig sind, um die Rundreise von Mónica Ferrán und Jorge Castro in aufeinanderfolgenden Kapiteln lesbar zu machen, sind nur im Buch abgedruckt. Diese Dialoge sind durch den Buchstaben B kenntlich gemacht.

Um Ihnen den Einstieg zu erleichtern, sind bis einschließlich Unidad 3 alle Dialoge auch auf der Kassette zu hören. Aus dem gleichen Grund wird Ihnen in der ersten Hälfte des Kurses eine Übersetzung zu den Dialogen angeboten. Dadurch soll sichergestellt werden, daß Sie die gesprochenen und/oder abgedruckten Texte jederzeit vollständig verstehen können. Die Übersetzung hat eine reine Hilfsfunktion und ist deshalb in einigen Passagen sehr wörtlich gehalten, während sie an anderer Stelle – wenn für den muttersprachlich deutschen Lerner keine besonderen Probleme bestehen – eher sinngemäße und damit stilistisch gefälligere deutsche Entsprechungen anbietet. Ab Unidad 13 entfällt die Übersetzung, weil dann davon ausgegangen werden kann, daß Sie schon eine große Zahl von Wörtern und Redewendungen wieder aktiviert bzw. neu gelernt haben. An die Stelle der Übersetzung tritt nun für die zweite Hälfte des Kurses die Erläuterung einzelner schwierigerer Wörter, Begriffe oder Redewendungen, die Ihnen wahrscheinlich unbekannt sein werden.

Da es über die Übersetzungen und Worterklärungen hinaus in den Dialogen und auch den Übungen weitere Vokabeln gibt, die Ihnen unbekannt sind, befindet sich am Ende des Buches ein alphabetisches spanisch-deutsches Wörterverzeichnis, in dem die weitaus meisten in *Spanisch in vier Wochen* vorkommenden Ausdrücke erfaßt sind. Ebenfalls am Ende des Buches finden Sie ein nach Unidades gegliedertes Verzeichnis der Situationen, Sprechabsichten, Strukturen und Grammatikbereiche, die im Kurs vorkommen.

Alle Erläuterungen, zum sprachlichen Aufbau wie zum landeskundlichen Hintergrundwissen, sind ausschließlich im Buch enthalten. Dies gilt auch für alle Arbeitsanweisungen zu den Übungen, unabhängig davon, ob sich die jeweiligen Lösungen auf den Kassetten (C) oder im Buch (B) befinden. Die Lösungen derjenigen Übungen, die Sie nur mit Hilfe des Buches erarbeiten sollen, stehen auf den Seiten 197-214.

DIE KASSETTEN

Die Kassetten vermitteln Ihnen anhand der Dialoge Beispiele für die korrekte Aussprache und Intonation der spanischen Sprache. Um sich an die Intonationsmuster zu gewöhnen, sollten Sie sich die Dialoge mehrfach anhören und sie dabei zunächst im Buch mitlesen. Wenn Sie mit dem Klang bereits etwas vertrauter geworden sind, empfiehlt es sich, die Dialoge zunächst mitzuhören und sich erst anschließend die Schreibweise im Buch anzusehen. Denken Sie dabei daran, daß Sie bei einer Unterhaltung in Spanien auch keinen geschriebenen Text zur Verfügung haben und über- dies immer wieder Wörter, Redewendungen, Namen oder Begriffe hören werden, die Sie (noch) nicht kennen und bei denen Sie daher darauf angewiesen sind, die Bedeutung aus dem Kontext zu erschließen, d.h. aus denjenigen sprachlichen Äußerungen, die Sie mühelos verstehen können.

Neben den meisten Dialogen bieten Ihnen die Kassetten im wesentlichen zwei verschiedene Übungstypen. Beim ersten Typ sind in vielen Fällen nur die Lösungen der Übungen aufgenommen worden. Wenn dies der Fall ist, hören Sie die Nummer der Übung, die Nummer der Aufgabe und sofort anschließend die Lösung. Bei diesem Übungstyp sollten Sie die Kassette, nachdem die Nummer der Aufgabe genannt ist, mit Hilfe der Pausentaste anhalten, um in Ruhe Ihre Antwort sprechen zu können. Sobald Sie fertig sind, lassen Sie die Kassette weiterlaufen und können Ihre Antwort mit der richtigen Lösung vergleichen. Dieses Verfahren wurde gewählt, um Ihnen die Möglichkeit zu geben, die Länge der Pause Ihren individuellen Bedürf- nissen entsprechend zu gestalten.

Der zweite Übungstyp verfährt in gewissem Sinne genau gegenteilig. Hier geht es darum, in vorgegebenen Kurzdialogen die passenden, d.h. situationsadäquaten Fragen zu stellen, Antworten zu geben oder Mitteilungen zu machen. Weil im Rahmen einer normalen Unterhaltung dafür nur begrenzt Zeit zur Verfügung steht, wird Ihnen hier die Länge der Pause vorgegeben. Natürlich können Sie auch diese Pausen mit Hilfe der Pausentaste verlängern, Sie sollten sich aber bemühen, möglichst darauf zu verzichten. Bei diesem Übungstyp finden Sie im Buch immer einen Musterdialog ohne Pausen. Auf den Kassetten hören Sie im Anschluß an die Pause für Ihre Antwort jeweils die richtige Lösung. Ihre Rolle wird im Buch durch 'X.: ...' angegeben. Bei diesen Dialogen werden grundsätzlich mehrere Äußerungen innerhalb eines Dialoges von Ihnen erwartet.

Und nun: Viel Erfolg und Vergnügen mit *Spanisch in vier Wochen.*

INHALTSVERZEICHNIS

Achtung: Bevor Sie mit der Arbeit beginnen, sollten Sie unbedingt das Vorwort und die Hinweise zum erfolgreichen Einsatz von *Spanisch in vier Wochen* lesen!!!

DESDE PALMA DE MALLORCA A BARCELONA

Dem Besucher Spaniens bieten sich mehrere Möglichkeiten, das Land zu erreichen; er hat die Wahl zwischen Flugzeug, Zug, Auto oder Schiff. Stellen Sie sich vor, Sie waren beruflich auf Mallorca, und jetzt wollen Sie mit Ihrem Auto nach Barcelona fahren, wie Jorge Castro:

C   Diálogo 1   Empleado (E.), Jorge Castro (J.)

E.: Bon dia.	*Bon dia.*
J.: Buenos días. ¿Habla usted español?	*Guten Tag. Sprechen Sie Spanisch?*
E.: Sí, ¿qué desea?	*Ja, Sie wünschen?*
J.: Me gustaría ir a Barcelona. ¿Dónde puedo comprar un billete?	*Ich möchte nach Barcelona fahren. Wo kann ich ein Ticket kaufen?*
E.: Puede comprar los billetes en aquella ventanilla.	*Sie können die Tickets am Schalter dort drüben kaufen.*
J.: ¿Cuándo sale el próximo transbordador?	*Wann geht die nächste Fähre?*
E.: A las diez.	*Um zehn Uhr.*
J.: ¿Y qué hago con el coche?	*Und was mache ich mit dem Wagen?*
E.: Dé la vuelta al edificio, enseñe su billete y un empleado le mostrará dónde puede aparcar.	*Fahren Sie um das Gebäude, zeigen Sie Ihr Ticket, und der Beamte wird Ihnen zeigen, wo Sie parken können.*
J.: De acuerdo, muchas gracias.	*In Ordnung, vielen Dank.*
E.: De nada y buen viaje.	*Gern geschehen, und gute Reise.*

13

UNIDAD 1

C   Ejercicio 1

Auf die Fragewörter setzt man im Spanischen immer einen Akzent: *Qué, Quién, Dónde, Cómo, Cuánto, Cuándo, Por qué* (was, wer, wo, wie, wieviel, wann, warum). Sprechen Sie zunächst diese sieben Fragewörter nach.

1.) Qué ...
2.) Quién ...
3.) Dónde ...
4.) Cómo ...
5.) Cuánto ...
6.) Cuándo ...
7.) Por qué ...

C   Ejercicio 2

Hören Sie sich den Dialog mehrere Male an. Sprechen Sie dann die vier Fragen von Jorge Castro nach. Auf der Kassette hören Sie diesmal nicht nur die Frage, die Sie jetzt an Stelle von Jorge Castro stellen sollen, sondern jeweils auch die unten abgedruckte Antwort.

1.) ...
Sí, ¿qué desea?

2.) ...
Puede comprar los billetes en aquella ventanilla.

3.) ...
A las diez.

4.) ...
Dé la vuelta al edificio, enseñe su billete y el empleado le mostrará dónde puede aparcar.

14

PRONOMEN

yo	**ich**
tú	**du**
él	**er**
ella	**sie**
usted (= Ud., Vd.)	**Sie (Singular)**
nosotros	**wir**
nosotras	**wir (Femininum)**
vosotros	**ihr**
vosotras	**ihr (Femininum)**
ellos	**sie**
ellas	**sie (Femininum)**
ustedes (= Uds., Vds.)	**Sie (Plural)**

Achtung: Im Spanischen gibt es für die Ihnen geläufige Form der höflichen Anrede *Sie* statt *du* zwei Formen: Eine für den Singular "usted", und eine andere für den Plural "ustedes". Merken Sie sich, daß man die dritte Person des Verbs für die höfliche Anrede benutzt: "usted es", "ustedes son".

PRÄSENS - PRESENTE DE INDICATIVO

Im Spanischen gibt es drei verschiedene Infinitivformen:
Sie haben die Endungen -AR; -ER; -IR.

Ejemplo:
habl -AR; com -ER; viv -IR

yo	habl **-O**	com **-O**	viv **-O**
tú	habl **-AS**	com **-ES**	viv **-ES**
él, ella	habl **-A**	com **-E**	viv **-E**
usted (Ud.. Vd.)	habl **-A**	com **-E**	viv **-E**

nosotros/as	habl **-AMOS**	com **-EMOS**	viv **-IMOS**
vosotros/as	habl **-AIS**	com **-EIS**	viv **-IS**
ellos/as	habl **-AN**	com **-EN**	viv **-EN**
Ustedes (Uds., Vds.)	habl **-AN**	com **-EN**	viv **-EN**

B   Ejercicio 3 a)

Wiederholen Sie das Präsens von hablar.

B   Ejercicio 3 b)

Wiederholen Sie das Präsens von comer.

B   Ejercicio 3 c)

Wiederholen Sie das Präsens von vivir.

Jetzt können Sie das Präsens aller regelmäßiger Verben konjugieren.

> Wenn Sie ausdrücken wollen, daß Sie etwas gerne tun oder haben möchten oder daß Sie etwas mögen, verwenden Sie dazu die Formen des Verbs "gustar" = dt. "gerne mögen, gerne tun wollen" oder wörtlich: "gefallen". Ejemplo:
> Me gusta ver la tele (Ich sehe gern fern. = Es gefällt mir, fernzusehen.)
> Me gusta beber cerveza. (Ich trinke gerne Bier. = Es gefällt mir, Bier zu trinken.)
> Me gusta el chocolate. (Ich mag gerne Schokolade. = Die Schokolade gefällt mir.)
> Die Form auf -ría (me gustaría) bedeutet im Deutschen: möchte gern, würde gern, hätte gern.

Will man sagen, daß man mit einem bestimmen Verkehrsmittel fährt, drückt man dies im Spanischen mit IR EN aus. Also:

Ir en	barco	coche
	transbordador	autobús
	tren	avión
	bicicleta	moto

Aber: zu Fuß gehen = ir a pie; reiten = ir a caballo

C Ejercicio 4 a)

Wiederholen Sie zunächst die Ihnen vorgesprochenen Ortsnamen:

1.) Palma de Mallorca ...
2.) Barcelona ...
3.) Valencia ...
4.) Santander ...
5.) Salamanca ...
6.) Gerona ...
7.) Zamora ...
8.) Madrid ...
9.) Málaga ...
10.) Sevilla ...

C Ejercicio 4 b)

Sie haben in Dialog 1 die Struktur "me gustaría" gehört.
Sagen Sie jetzt, mit welchen drei Verkehrsmitteln Sie gerne fahren möchten.

Ejemplo:
Me gustaría ir en barco.

(Die Antworten auf der Kassette sind nur Beispiele.)

17

C   Ejercicio 4 c)

Die angegebenen Buchstaben ordnen jeder Stadt ein Verkehrsmittel zu.
Sagen Sie der Zuordnung entsprechend, mit welchem Verkehrsmittel Sie
die jeweilige Stadt gerne erreichen möchten. Benutzen Sie dazu die Struktur
"Me gustaría", und stellen Sie den Ort vor das gewählte Verkehrsmittel.

Städte:		Verkehrsmittel:	
1.) Santander	(A)	coche	(E)
2.) Palma de Mallorca	(B)	barco	(A)
3.) Madrid	(C)	transbordador	(B)
4.) Sevilla	(D)	avión	(F)
5.) Barcelona	(E)	tren	(C)
6.) Málaga	(F)	autobús	(D)

Ejemplo: Me gustaría ir a Palma de Mallorca en transbordador.

C   Diálogo 2   Jorge Castro (J.), Isabel Orduña (I.)

(Jorge Castro steht an Deck und schaut auf die Küste Barcelonas.)

J.: Perdone, ¿es eso ya Barce-lona?	Entschuldigen Sie bitte, ist das schon Barcelona?
I.: Sí.	Ja.
J.: ¿Dónde está el puerto?	Wo ist der Hafen?
I.: El puerto está allí enfrente y a la izquierda están las Ramblas.	Der Hafen befindet sich da ge-genüber, und links sind die Ramblas.
J.: Ah, ya, ya. ¿Y dónde está la catedral?	Ah, ich sehe schon. Und wo ist der Dom?
I.: Está a la derecha, en el Barrio Gótico.	Er befindet sich rechts, im Gotischen Viertel.
J.: Gracias.	Danke schön.

18

I.: De nada. ¿De dónde es usted?	*Oh, bitte. Woher kommen Sie?*
J.: Soy de Cuenca, pero ahora vivo en Alemania. ¿Y usted?	*Ich komme aus Cuenca, aber ich lebe jetzt in Deutschland. Und Sie?*
I.: Yo soy de Soller. ¿Dónde vive usted en Alemania?	*Ich komme aus Soller. Wo leben Sie denn in Deutschland?*
J.: Vivo en Köln.	*Ich wohne in Köln.*
I.: Ah, en español es Colonia, ¿verdad?	*Das ist auf spanisch Colonia, nicht wahr?*
J.: Cierto, así es.	*Ja, das stimmt.*

Mit "¿De dónde es usted?" können Sie die Herkunft Ihres Gesprächspartners erfragen. Dies gilt sowohl für Länder als auch für Städte oder Orte in den jeweiligen Ländern.
Ejemplo: ¿De dónde es usted? Soy de España. ¿De dónde es usted? Soy de Barcelona.
Sie können mit diesem Ausdruck nicht nur über Ihre eigene Herkunft sprechen, sondern auch über die anderer Personen. Dazu müssen Sie die Formen von "ser", deutsch "sein", kennen. Vielleicht haben Sie bemerkt, daß die Verben im Spanischen häufig ohne Personalpronomen stehen. Das liegt daran, daß die Endungen der Verben schon andeuten, welche Person gemeint ist.

Formen von "SER"
soy
eres
es
somos
sois
son

C   Ejercicio 5

1.) Pedro	2.) María	3.) Laura	4.) Juan y Antonio	5.) José
Madrid	Lugo	Córdoba	Valencia	Bilbao

6.) Marisa	7.) Javier	8.) Elena y Adela	9.) Alfonso y Carmen
Gijón	Burgos	La Rioja	Cádiz

Beantworten Sie die Fragen auf der Kassette mit Hilfe der Tabelle und der Formen im Merkkasten.

Ejemplo: ¿De dónde es Pedro? Es de Madrid.

> "Ser" verwendet man nicht nur, wenn man die Herkunft von jemandem beschreiben will (Es alemana.), sondern auch, wenn es um Berufe (Soy profesor.), wesentliche Eigenschaften (Mónica es guapa.) und Besitzverhältnisse (El coche es de Jorge.) geht.
>
> Wenn man im Spanischen sagen will, wo sich jemand oder etwas befindet, dann benutzt man die Formen von "ESTAR". Ejemplo: El puerto está enfrente. La catedral está a la derecha. Die dazugehörige Frage lautet: "¿Dónde está ...? Wo ist ...?"
>
> Formen von   "ESTAR"
> estoy
> estás
> está
> estamos
> estáis
> están
>
> Estar verwendet man auch für vorübergehende, veränderliche Zustände.

C   Ejercicio 6 a)

Sehen Sie sich die Zeichnung im Buch an. Ihnen werden verschiedene Fragen dazu gestellt, wo sich die einzelnen Gebäude oder Orte befinden. Sie hören folgende Fragearten: ¿Dónde está la ...? ¿El ... está a la izquierda? Perdone, ¿puede decirme dónde está el ...? Beantworten Sie die Fragen, indem Sie jeweils die Position angeben, d.h. sagen, ob sich die gesuchten Gebäude oder Orte links, rechts oder gegenüber befinden.

Ejemplo:
¿Dónde está el centro comercial?
El centro comercial está enfrente de la oficina de Correos.

1.) ¿Dónde está el centro comercial?

2.) ¿Dónde está la iglesia?

3.) Perdone, ¿puede decirme dónde está la oficina de Correos?

4.) ¿La policía está enfrente del hospital?

5.) ¿Dónde está el aparcamiento?

6.) Perdone, ¿puede decirme dónde está la policía?

7.) ¿La iglesia está a la derecha de la policía?

8.) ¿Dónde está el cementerio?

9.) ¿Dónde está el hospital?

Centro Comercial

Café

APARCA-MIENTO

Oficina de Correos

22

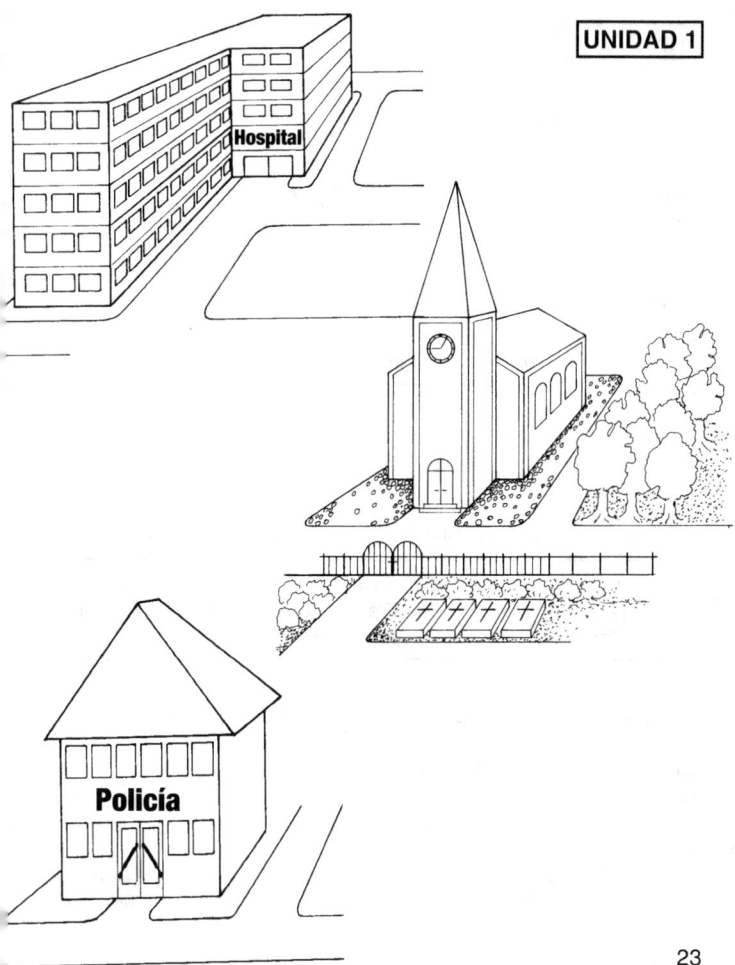

C Ejercicio 6 b)

Jetzt sprechen Sie jemanden an und stellen ihm die Fragen.
Halten Sie sich dabei genau an das Beispiel, und fragen Sie nach: oficina de
Correos, cementerio, centro comercial, hospital, iglesia, aparcamiento.

Ejemplo:

J.: Perdone.
M.: Sí.
J.: ¿Puede decirme dónde está la oficina de Correos?
M.: Sí, por supuesto, la oficina de Correos está a la izquierda.

1.)
X.: ...
M.: Sí.
X.: ...
M.: Sí, por supuesto, la oficina de Correos está a la izquierda.

Estar verwendet man auch, wenn man wissen will, wie es jemandem
geht (¿Cómo estás?), und bei Fragen nach dem körperlichen Befinden (Carlos está enfermo. = Carlos ist krank.).

C Diálogo 3 Jorge Castro (J.), Isabel Orduña (I.)

(Altavoces:) Se ruega a todos los pasajeros que se dirijan a sus coches, situados en la cubierta inferior.

I.: Oh, tenemos que ir ya a nuestros coches. Bueno, encan-

(Durchsage:) Alle Passagiere werden gebeten, sich zu ihren Fahrzeugen auf den unteren Decks zu begeben.

Oh, wir müssen schon zu unseren Autos gehen. War nett, Sie

	tada de haberle conocido.	*kennengelernt zu haben.*
J.:	Igualmente, ¡y buen viaje!	*Ganz meinerseits, und gute Fahrt.*
I.:	Gracias. Adiós.	*Danke. Auf Wiedersehen.*
J.:	Adiós.	*Auf Wiedersehen.*

SABIA USTED QUE ...

España está situada en el extremo suroeste de Europa. Es un país múltiple y variado. Unida al resto del continente a través de los Pirineos, ofrece al visitante una gran diversidad: de la España del norte, verde y húmeda, podemos pasar por la del centro, con su meseta poco poblada e infinitamente llana, a la España del sur, tal vez la más famosa, cálida y seca. Además no debemos olvidar la España mediterránea, fértil y luminosa, y las Españas insulares: las Islas Baleares, en medio del Mediterráneo, y las Canarias, de origen volcánico y situadas en el océano Atlántico.

Tras largos años de aislamiento, España comenzó su camino para llegar al nivel del resto de los países europeos. Hoy podemos decir que España, sin dejar de ser 'diferente', ha logrado esta meta.

Su superficie total es de 504.788 m^2 y su población es de treinta y ocho millones y medio de habitantes. En algunas regiones, además del español, se hablan también otros idiomas: el catalán, el vascuence *Euskera* y el gallego. Se puede llegar a España en avión, en tren, en barco y en coche. Las compañías de transporte de propiedad estatal son: Iberia, Líneas Aéras de España; RENFE, Red Nacional de Ferrocarriles Españoles y la compañia naviera Trasmediterránea, que enlaza la península con las islas y el norte de Africa.

LLEGADA AL AEROPUERTO DE MADRID — BARAJAS

C Diálogo 1   Mónica (M.), pasajero (P.)

(Altavoces:) Se ruega a todos los pasajeros del vuelo Iberia 512, que se dirijan al control de pasaportes. Rogamos a aquellos pasajeros que deseen conectar con otros vuelos, se informen en el mostrador de tránsito.

(Durchsage:) Alle Passagiere des Fluges Iberia 512 werden gebeten, sich zur Paßkontrolle zu begeben. Die Passagiere mit Anschlußflügen werden gebeten, sich am Schalter zu informieren.

M.: Perdone, ¿de qué está hablando?

Entschuldigen Sie, wovon spricht sie?

P.: Nos está explicando adónde debemos ir. ¿Se queda usted en Madrid?

Sie erklärt uns, wohin wir gehen sollen. Bleiben Sie in Madrid?

M.: Sí, ¿por qué?

Ja, warum?

P.: Porque en este caso sólo necesita mostrar su pasaporte o su carnet de identidad y no tiene que preguntar por otros vuelos. Si quiere, puede venir conmigo. Le enseño el camino.

Weil Sie in diesem Fall nur Ihren Paß oder Ihren Personalausweis zu zeigen und nicht nach anderen Anschlußflügen zu fragen brauchen. Wenn Sie möchten, können Sie mit mir kommen. Ich zeige Ihnen den Weg.

M.: Sí, gracias. Es usted muy amable.

Ja, danke. Sie sind sehr nett.

Zweifellos können Sie bis zehn zählen! Und die meisten von Ihnen werden das sogar in anderen Sprachen beherrschen, sicherlich auch auf spanisch: uno, dos, tres, cuatro, cinco, seis, siete, ocho, nueve, diez. (Null ist auf spanisch *cero*.)

Nicht ganz so geläufig sind Ihnen vielleicht die Zahlen von 11 bis 15: once, doce, trece, catorce, quince. (Denken Sie an die Endung -ce.) Ab *quince* werden jeweils die Zahlen von sechs bis neun an die zehn angehängt, also: dieciseis, diecisiete, dieciocho, diecinueve, veinte. Die Zahlen von 20 bis 30 lauten: veinte, veintiuno, veintidós, veintitrés, veinticuatro, veinticinco, veintiseis, veintisiete, veintiocho, veintinueve, treinta.
Aber ab 30: treinta y uno, treinta y dos, treinta y tres, treinta y cuatro, etc. Genau dasselbe gilt für die nächsten Zehner: cuarenta, cincuenta, sesenta.

C Ejercicio 1 a)

Wiederholen Sie die Zahlen von 0 bis 10.

C Ejercicio 1 b)

Nennen Sie die Zahlen von 15 bis 30.

C Ejercicio 1 c)

Nennen Sie folgende Zahlen: 15, 29, 35, 44, 50, 61.

C Diálogo 2   Mónica (M.), pasajero (P.)

P.: Antes de salir me gustaría ver a qué hora llega mi compañero de Tenerife.	*Bevor ich gehe, möchte ich nachsehen, um wieviel Uhr mein Kollege aus Teneriffa ankommt.*
M.: Allí hay una pantalla.	*Dort drüben ist ein Bildschirm.*

P.: Ah, sí. Llegadas. A ver, Sevilla a las 12.50, Nueva York 12.55, París 13.00, Londres 13.15, aquí está, Tenerife 13.30. ¿Me puede decir qué hora es? Es que mi reloj va adelantado.

Ah, ja. Ankünfte. Mmm, mal sehen, Sevilla 12.50, New York. 12.55, Paris 13.00 London, 13.15, da ist es: Teneriffa 13.30 Uhr. Können Sie mir sagen, wie spät es ist? Meine Uhr geht nämlich vor.

M.: Por supuesto. Son las 12.30, así es que su compañero llega dentro de una hora.

Selbstverständlich. Es ist 12.30 Uhr, also kommt Ihr Kollege in einer Stunde.

Da Sie jetzt bereits die Zahlen bis 60 kennen, ist es auch kein Problem mehr, über die Uhrzeit zu sprechen. Diese geben Sie an, indem Sie die volle Stunde nennen und die Minuten mit *y = und* anhängen. Ejemplo: diez y cinco, diez y cuatro, diez y media. Im Spanischen bezieht sich die halbe Stunde also nicht auf die folgende, sondern auf die vorherige Stunde. Das deutsche *halb elf* ist im Spanischen also *zehn und halb*. Da die Stunde *"la hora"* (also femininum) ist, sagt man *"diez y media"*. Nach der halben Stunde bezieht man jedoch alle weiteren Zeitangaben auf die folgende Stunde. Daher übersetzt man *zwanzig vor elf* mit "once menos veinte", usw.

¿Qué hora es? Son las doce (12), aber: es la una (13).
Ist es genau 12.00 Uhr, dann können Sie auch sagen "son las doce en punto". Denken Sie daran, daß das Verb bei ein Uhr im Singular stehen muß, denn es handelt sich um eine einzige Stunde.

Im Spanischen sagt man nicht, *es ist 19 Uhr,* sondern: "son las siete", bzw. "son las siete de la tarde". *Es ist 7 Uhr* wäre dann: "son las siete de la mañana"; *12 Uhr mittags* = "las doce del mediodía"; *24 Uhr* = "las doce de la noche". Ab 6.00 Uhr sagt man im Spanischen: "de la mañana", und "de la tarde" heißt es ab 13.00 Uhr, "de la noche" ab 21.00 Uhr und ab 1.00 Uhr "de la madrugada". "Mediodía" und "medianoche" sind im Spanischen keine Synonyme von Mittag oder Mitternacht, sondern sie bezeichnen einen Zeitraum um 12 Uhr mittags oder abends.

C   Ejercicio 2 a)

Sehen Sie sich die fünf Zeichnungen auf Seite 30 an, und sagen Sie jeweils, wieviel Uhr es ist.

C   Ejercicio 2 b)

Sagen Sie jetzt, um wieviel Uhr das Flugzeug ankommt.

Um wieviel Uhr ...? ¿A qué hora ...?
Das Flugzeug kommt um 9.30 Uhr. El avión llega **a las nueve y media**.

8.35, 10.45, 5.15, 7.30, 12.00, 6.40, 11.55, 1.10, 9.15.

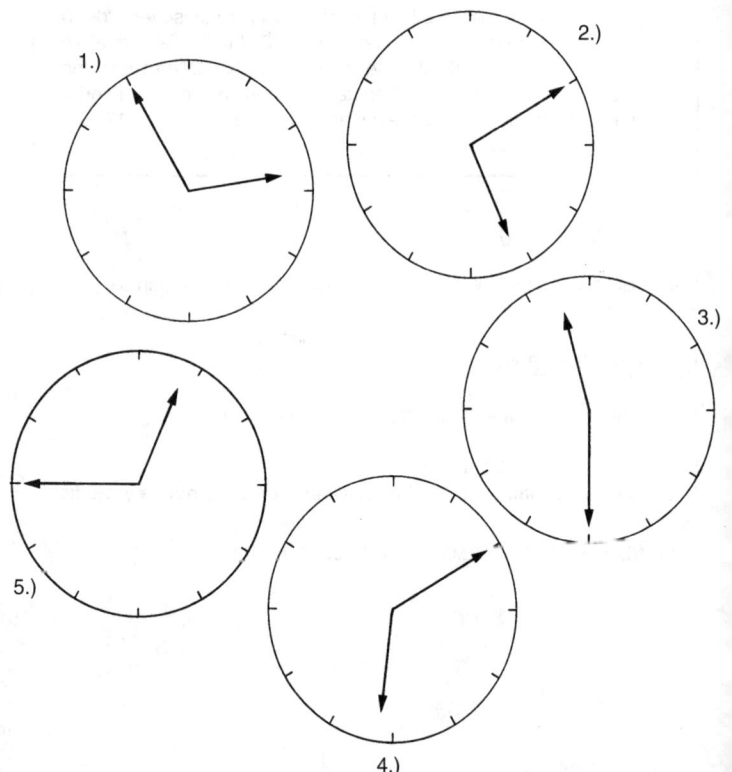

1.)

2.)

3.)

4.)

5.)

B   Ejercicio 3

Schreiben Sie die Zeiten aus Übung 2 b) jetzt auf, und kontrollieren Sie Ihre Lösungen anschließend auf Seite 197.

C   Diálogo 3   Mónica (M.), pasajero (P.), policía (PO.)

M.: Bueno, ya estamos en el control de pasaportes: países de la Comunidad Europea, otros países... ¿De dónde es usted?

Na also, wir sind schon bei der Paßkontrolle: EG-Länder, andere Länder ... Woher kommen Sie?

P.: Soy español.

Ich komme aus Spanien.

M.: Entonces tenemos que pasar por aquí.

Gut, dann müssen wir hier durch.

PO: Su pasaporte, por favor.

Ihren Ausweis, bitte.

M.: Aquí tiene.

Bitte schön.

(Pausa.)

¿Dónde podemos recoger el equipaje?

Wo können wir unser Gepäck abholen?

P.: Ahí, a la derecha.

Dort drüben, rechts.

M.: Pero hay cinco cintas.

Aber da sind fünf Gepäckbänder.

P.: Un momento. Están escribiendo el número de vuelo.
Mmm ... es la número cinco.

*Einen Moment. Sie geben gerade die Flugnummer an.
Mhm, es ist ... Band fünf.*

(Pausa.)

M.: Todo el mundo tiene ya sus maletas menos yo. Y mire, ahora se está parando la cinta.

Alle Leute haben schon ihren Koffer, nur ich nicht. Und, sehen Sie, das Band stoppt.

P.: Si usted pierde algún bulto, normalmente lo vuelve a encontrar después. Debemos ir a

Wenn Sie ein Gepäckstück verlieren, finden Sie es normalerweise schließlich doch wieder.

31

la oficina de reclamaciones y preguntar allí a las azafatas. Siempre hago esto cuando tengo algún problema. Venga conmigo.

Wir sollten zum Reklamations-büro gehen und die Stewardessen dort fragen. Ich tue das immer, wenn ich irgendein Problem habe. Kommen Sie mit mir.

M.: ¿Está usted seguro de que tiene tiempo?

Sind sie sicher, daß Sie Zeit dazu haben?

P.: Sí, no hay problema.

Oh, kein Problem.

M.: Es usted muy amable, muchísimas gracias.

Sie sind sehr freundlich, vielen, vielen Dank.

P.: De nada.

Bitte schön.

C   Diálogo 4   Empleada de Iberia (E.), Mónica (M.), pasajero (P.), Jorge (J.)

E.: ¿Qué desean?

Kann ich Ihnen helfen?

P.: Faltan las maletas de la señorita.

Ja, die Koffer der jungen Dame fehlen.

E.: Aha. ¿Cómo se llama?

Aha. Wie heißen Sie?

M.: Mónica Ferrán.

Mónica Ferrán.

E.: Por favor, rellene este formulario, nosotros le enviaremos su equipaje, tan pronto como lo encontremos.

Füllen Sie bitte dieses Formular aus, und wir werden Ihnen Ihr Gepäck zukommen lassen, sobald wir es finden.

P.: Lo siento, pero ya es tarde y me está esperando mi compañero.

Es tut mir leid, aber es ist schon spät, und mein Kollege wartet schon.

M.: Sí, naturalmente, y muchas gracias por todo.

Ja, natürlich, und vielen Dank für alles.

P.: Ha sido un placer. Adiós.

Es war mir ein Vergnügen. Auf Wiedersehen.

M.: Adiós, y muchas gracias de nuevo.

(Pausa.)

Aquí pone: dirección en España. Pero nosotros estamos haciendo un viaje por España. Sólo le puedo dar la dirección de un amigo.

E.: De acuerdo. O si quiere podemos enviarle el equipaje a su dirección en su país. ¿Qué prefiere?

M.: No, no. Es mejor a la dirección de mis amigos.

E.: Vale. Entonces tiene que escribir aquí el nombre, el teléfono y la dirección de sus amigos.

(Pausa.)

De acuerdo. Nosotros la llamamos por teléfono cuando encontremos sus maletas.

M.: Gracias. ¿Dónde está la aduana?

E.: Por aquí todo recto, a mano derecha.

M.: Gracias.

(Pausa.)

J.: ¡Mónica!

M.: Hola, Jorge, ya estás aquí. ¡Qué alegría! ¿Qué tal el viaje

Auf Wiedersehen, und vielen Dank nochmal.

Hier steht: Adresse in Spanien. Aber wir machen eine Rundreise. Ich kann Ihnen nur die Adresse eines Freundes geben.

Das ist in Ordnung. Oder, wenn Sie möchten, können wir Ihr Gepäck auch an Ihre Heimatadresse senden. Was ist Ihnen lieber?

Nein, nein. Es ist besser, es an die Adresse meiner Freunde zu schicken.

O.K. Dann müssen Sie hier Namen, Telefon und Adresse Ihrer Freunde angeben.

In Ordnung. Wir rufen Sie an, wenn wir Ihr Gepäck gefunden haben.

Danke schön. Wo ist der Zoll?

Gehen Sie hier geradeaus, auf der rechten Seite.

Vielen Dank.

Mónica!

Hallo, Jorge. Du bist schon da. Was für eine Freude! Wie war

33

desde Palma? ¡Qué moreno
estás, qué guapo!
J.: Gracias. ¡Cuánto me alegro
de verte! Pero, ¿dónde están
tus maletas?
M.: Ahora te explico todo en el
coche ...
J.: Sí, vamos.

deine Reise von Palma aus!
Mann, bist du braun, und hübsch!
Danke. Wie ich mich freue, dich
wiederzusehen! Aber, wo sind
deine Koffer?
Ich erkläre dir alles im Auto ...

O.K. Gehen wir.

Monica und der freundliche Passagier sagen in dieser Lektion oft, was
sie gerade tun. Um über diese Handlungen, die "jetzt" stattfinden, zu
sprechen, verwendet man im Spanischen die Ihnen aus Unidad 1
bekannten Formen von "ESTAR", zusammen mit der jeweiligen
Verbform, an die -ando (für Verben auf -AR), oder -iendo (für Verben
auf -ER und -IR) gehängt wird. Also: ¿Qué estás haciendo? Estoy
esperando a mi compañero.

B   Ejercicio 4

Die Lösungen finden Sie auf Seite 197.

Ergänzen Sie bitte:

Estoy hablando   (tú) estás ...
Estás explicando   (Ud) ...
Están comiendo   (yo) ...
Estamos escribiendo   (vosotros) ...

C   Ejercicio 5

Bilden Sie in dieser Übung Sätze, um auszudrücken, was der- oder diejenige gerade tut.

Ejemplo:

Mónica habla con el pasajero.
Mónica está hablando con el pasajero.

1.) El pasajero toma una cerveza con Mónica.

2.) El compañero de Tenerife llega.

3.) Mónica y el pasajero recogen sus maletas.

4.) Mónica rellena un formulario.

5.) Mónica escribe la dirección de sus amigos.

6.) La azafata pregunta a Mónica.

7.) Mónica responde a la azafata.

B   Ejercicio 6

Übersetzen Sie die folgenden Sätze, indem Sie die Verlaufsform benutzen, und vergleichen Sie Ihre Antworten mit den Lösungen auf Seite 197.

1.) Jorge fährt mit der Fähre.
2.) Die Fähre kommt in Barcelona an.
3.) Mónica spricht mit dem Passagier.
4.) Der Passagier antwortet.
5.) Jorge wartet auf Mónica.
6.) Die Stewardeß schreibt die Adresse von Mónica auf.
7.) Sie füllt ein Formular aus.
8.) Mónica zeigt ihren Ausweis.

SABIA USTED QUE ...

En España existen muchos aeropuertos internacionales. Quizá los más importantes sean los de Madrid, Barcelona, Valencia, Palma de Mallorca, Málaga, Tenerife, Las Palmas y Sevilla. También existen vuelos nacionales como el famoso puente aéreo entre Barcelona y Madrid.

Desde el aeropuerto de Barajas se puede llegar al centro de la ciudad en taxi o en autobús.

UNIDAD 3   EN CASA DE UNOS AMIGOS

C   Diálogo 1   Mónica (M.), Jorge (J.)

M.: ¿Crees que vamos a encontrar la casa enseguida?

J.: ¿Qué número es? ¿El 179?

M.: No, es el 197. La carta de Roberto está en la guantera, ¿por qué no lo miras?

J.: De acuerdo. Déjame ver. Aha, está es, aquí pone calle de Valencia 189. Así es que ninguno de los dos teníamos razón.

M.: Oh, por cierto, ¿en qué calle estamos? ¿Por dónde tengo que ir? Ya sé, me has explicado el camino un montón de veces, pero es que no me acuerdo, lo siento.

Meinst du, wir werden das Haus sofort finden?

Welche Nummer hat es denn? 179?

Nein, es ist die 197. Robertos Brief ist im Handschuhfach, warum schaust du nicht nach?

In Ordnung, laß mich mal sehen. Aha, hier ist er, da steht: "calle de Valencia 189". Also, keiner von uns beiden hatte Recht.

Oh, übrigens, auf welcher Straße sind wir? Wohin muß ich fahren? Ich weiß, du hast mir den Weg schon viele Male erklärt, aber ich erinnere mich nicht, es tut mir leid.

J.: Te lo he dicho cien veces, ¿por qué no me dejas conducir, si no te acuerdas del camino? Estamos en la Avenida de América. Tenemos que ir siempre todo recto.

Ich habe es dir hundertmal gesagt, warum läßt du mich nicht fahren, wenn du dich nicht an den Weg erinnern kannst? Wir sind in der Avenida de America. Wir müssen immer geradeaus fahren.

M.: Quiero estar segura de que encontramos la calle enseguida, y de que no estamos buscando toda la tarde.

Ich will sicher sein, daß wir die Straße schnell finden und nicht den ganzen Nachmittag suchen.

J.: ¿Por qué no me dejas conducir, si estás tan preocupada? De verdad, no es ningún problema.

Warum läßt du mich nicht fahren, wenn du so besorgt bist? Es ist wirklich kein Problem.

M.: ¿Estamos ya en Pérez de Oliva?

Sind wir jetzt schon in der Pérez de Oliva?

J.: Sí, y Valencia tiene que ser la siguiente a la derecha.

Ja, und Valencia muß die nächste rechts sein.

M.: Sí señor, calle de Valencia.

Jawohl, calle de Valencia.

J.: 223. Sigue, sigue. 213, 201, 197. Ahí está, 189, esa es.

223. Fahr weiter. 213, 201, 197. Da ist es, dort drüben, 189.

Die Zahlen bis sechzig kennen Sie aus der vorigen Lektion. Die weiteren Zehner sind: setenta, ochenta, noventa, cien. 101 ist aber ciento uno, 102 ciento dos, 114 ciento catorce, usw. Von der Zahl 200 an muß man zwischen maskulinen und femininen Formen differenzieren. Das heißt: 200 DM und 200 Pesetas sind im Spanischen "doscientos marcos y doscientas pesetas". Also: doscientos, trescientos, cuatro-cientos, quinientos, seiscientos, setecientos, ochocientos, novecientos, mil.

Eine Million ist "un millón", aber eine Milliarde ist im Spanischen "mil millones".

C Ejercicio 1 a)

Lesen Sie die folgenden Zahlen, und überprüfen Sie Ihre Antworten mit Hilfe der Kassette.

1.)	78	.....
2.)	97	.....
3.)	100 pesetas	.....
4.)	325 pesetas	.....
5.)	555 marcos	.....
6.)	1.046 pesetas	.....
7.)	4.905 marcos	.....
8.)	19.796 marcos	.....
9.)	178.397 pesetas	.....
10.)	5.000.000	.....
11.)	15.000.000.000	.....

B Ejercicio 1 b)

Schreiben Sie die Zahlen aus Übung 1 jetzt auf. Die Lösungen finden Sie auf Seite 198.

C Ejercicio 2

Lösen Sie folgende Aufgaben. Schreiben Sie die Ziffern auf, und vergleichen Sie Ihre Antworten mit den Lösungen auf der Kassette.

1.) 24 + (más/y) 62 = (son/es igual a)   4.) 2289 - 388 =

2.) 98 - (menos) 25 =   5.) 95.550 + 121.110 =

3.) 272 + 400 =

C Diálogo 2 Carmen Díaz (C.), Roberto Iglesias (R.), Mónica (M.), Jorge (J.)

(Suena el timbre de la puerta.)

R.: Hola Jorge. ¡Cuánto me alegro de volver a verte! ¿Qué tal estás?

J.: Hola Roberto, muy bien, gracias, ¿y tú?

R.: Estupendamente.

J.: Èsta es Mónica, mi mujer. Mónica, éste es Roberto.

R.: Hola Mónica, me alegro de conocerte.

M.: Hola Roberto, ¿cómo estás?

R.: Muy bien, gracias.

(Gritando.)

R.: ¡Carmen! Jorge y Mónica ya están aquí! Bueno, vamos adentro. ¿Queréis sacar ahora las cosas del coche o lo hacemos más tarde?

M.: Bueno, eso depende de vosotros.

R.: Pues, entonces primero tomamos café y después sacamos las cosas del coche. Ah, aquí está. Carmen, ésta es Mónica.

M.: Hola, Carmen, encantada de conocerte.

C.: Lo mismo digo. Mucho gusto.

R.: Y a Jorge ya lo conoces, ¿verdad?

C.: Pues claro. Hola Jorge.

(Türglocke läutet.)

Hallo Jorge! Ich freue mich, dich wiederzusehen. Wie geht's dir?

Hallo Roberto, mir geht es gut, danke. Und dir?

Wunderbar.

Das ist meine Frau Mónica. Mónica, das ist Roberto.

Hallo Mónica, freut mich, dich kennenzulernen.

Hallo Roberto, wie geht es dir?

Sehr gut, danke.

(Rufend.)

Carmen! Jorge und Mónica sind schon da! Kommt doch rein. Wollt ihr eure Sachen aus dem Auto jetzt ausladen, oder sollen wir das später tun?

Na, das liegt ganz bei euch.

Dann laßt uns erst Kaffee trinken und die Sachen danach aus dem Auto ausladen. Aha, da ist sie. Carmen, das ist Mónica.

Hallo Carmen, freut mich sehr, dich kennenzulernen.

Ganz meinerseits. Sehr erfreut.

Und Jorge kennst du schon, nicht wahr?

Aber natürlich. Hallo Jorge.

J.: Hola Carmen, ¿cómo te va?   *Hallo Carmen, wie geht's?*
C.: Muy bien, gracias, Jorge.   *Großartig, danke Jorge. Aber*
     Pero, ¿por qué no entráis?   *warum kommt ihr nicht herein?*
     Ahora mismo preparo el café.   *Ich schütte sofort den Kaffee*
                                         auf.

Um jemanden zu begrüßen, mit dem Sie gut bekannt sind, langt in aller Regel das Wort "hola", meist gefolgt vom jeweiligen Vornamen. Als allgemeine Begrüßung dienen im Spanischen wie im Deutschen die Tageszeiten: "Buenos días" bis zum Mittagessen; "Buenas tardes", nach dem Mittagessen und bis es dunkel wird; danach "Buenas noches", was nicht bedeutet, daß man unmittelbar danach ins Bett geht, sondern lediglich, daß es dunkel ist.

Zur Begrüßung von Personen, mit denen Sie nicht so gut bekannt sind, die Sie also etwas formeller begrüßen wollen, sagen Sie: "¿Cómo está usted?".

Nicht so formell wäre "¿qué tal está/estás?". Bekannte kann man auch einfach mit "¿qué tal?", oder "¿qué tal/cómo te va?", "qué tal/cómo andas?" begrüßen.

Im Spanischen ist, im Gegensatz zum Deutschen, die Form "tú" sehr gebräuchlich: Man duzt sich sehr schnell, meistens von Anfang an. Aber es ist immer besser, wenn Sie Ihnen unbekannte Personen mit dem höflichen "usted" anreden, das gilt besonders für ältere Personen.

Señor/señora und *don/doña* werden im Spanischen mit dem Nachnamen genannt: "El señor Pérez, la señora Orduña, la señorita Ramírez".

Don und *doña* werden mit dem Vornamen bzw. dem ganzen Namen verwendet: "Don Luis, doña Laura", oder "don Luis Domínguez, doña Laura Martínez".

C   Ejercicio 3

Begrüßen Sie die folgenden Personen mit Hilfe der jeweiligen Angaben, Ihrem Bekanntheits- bzw. Vertrautheitsgrad miteinander entsprechend:

1.) Luisa Blanco, una vieja amiga.

2.) Victoria Díaz, nueva jefa, 12 horas.

3.) Miguel Santos, compañero de trabajo, 8 horas.

4.) José García, director de un banco, 10 horas.

5.) Pedro y Jorge, buenos amigos, 19 horas.

6.) Asunción Ballesteros, vecina soltera, 16 horas.

7.) Javier Rodríguez, buen cliente, 20 horas.

C   Diálogo 3   Carmen (C.), Roberto (R.), Mónica (M.), Jorge (J.)

M.: Mm, estas pastas están muy ricas, ¿las haces tú?	*Mm, diese Plätzchen sind gut, machst du sie selbst?*
C.: Bueno, son caseras, pero la receta no es mía. Es de Roberto, bueno de su madre.	*Nun, sie sind selbstgemacht, aber das Rezept ist nicht von mir. Es ist von Roberto, also von Robertos Mutter.*
R.: En realidad la receta no es de mi madre, sino de su madre.	*Eigentlich ist das Rezept nicht von meiner Mutter, sondern von deren Mutter.*
M.: Están deliciosas.	*Sie sind wirklich köstlich.*
J.: Sí, son exquisitas.	*Ja, sie sind ausgesprochen gut.*
(Pausa.)	

41

R.: Tenéis que contarnos vuestro viaje. ¿Habéis tenido algún problema?

Ihr müßt uns von eurer Reise erzählen. Habt ihr irgendwelche Probleme gehabt?

J.: No, salvo algunas retenciones al salir de Barcelona. Y encontrar Barajas también ha sido fácil.

Nein, abgesehen von einigen Verkehrsstaus auf dem Weg nach Barcelona. Und Barajas zu finden war auch leicht.

C.: Pero, ¿por qué has tenido que ir a Barajas?

Aber, warum mußtest du nach Barajas fahren?

C.: Para recoger a Mónica.

Um Mónica abzuholen.

J.: Ya sabéis que este año mi congreso ha sido en Palma de Mallorca.

Ihr wißt doch, daß mein Kongreß in diesem Jahr in Palma de Mallorca stattgefunden hat.

M.: Y yo no podía ir, porque no tenía vacaciones.

Und ich konnte nicht mitkommen, weil ich keinen Urlaub hatte.

J.: Por eso he hecho yo primero el viaje en coche, y así podemos ahora viajar por España.

Deswegen habe ich zuerst die Fahrt mit dem Auto gemacht, und so können wir jetzt durch Spanien reisen.

C.: Ah, ya entiendo.

Ah, ich verstehe.

C Diálogo 4 Daniel (D.), Jorge (J.)

D.: Gracias por quedarte conmigo mientras los otros se van a tomar unas copas.

Danke, daß du bei mir bleibst, während die anderen eine Kneipentour machen.

J.: De nada. Además estoy un poco cansado después del viaje.

Keine Ursache. Außerdem bin ich ein bißchen müde nach der Reise.

D.: ¿Estás demasiado cansado para jugar conmigo?

Bist du zu müde, um mit mir zu spielen?

J.: Depende. ¿A qué quieres jugar?	*Es kommt darauf an. Was möchtest du spielen?*
D.: A las cartas, al ajedrez o a los barcos?	*Karten, Schach oder Schiffe versenken?*
J.: Ah, ¿puedo elegir? Entonces jugamos a los barcos. Explícame cómo juegas. ¿Cuántas letras escribes?	*Aha, kann ich wählen? Dann spielen wir Schiffe versenken. Erklär mir, wie du spielst. Wie viele Buchstaben schreibst du?*
D.: Diez números y diez letras, es decir hasta la jota.	*Zehn Zahlen und zehn Buchstaben, das heißt bis zum 'j'.*
J.: ¿Y cuántos barcos?	*Und wie viele Schiffe?*
D.: Uno de cuatro casillas, dos de tres, tres de dos y cuatro de una. ¿De acuerdo?	*Eins mit vier, zwei mit drei, drei mit zwei und vier mit einem Kästchen. Einverstanden?*
J.: De acuerdo.	*Einverstanden.*
(Pausa.)	
J.: Bueno, yo he elegido el juego, así es que tú empiezas.	*Gut, ich habe das Spiel gewählt, also fängst du an.*
D.: De acuerdo. B-5.	*In Ordnung. B-5.*
J.: Agua. F-7.	*Wasser. F-7.*
D.: Agua. C-3.	*Wasser. C-3.*
J.: Tocado.	*Getroffen.*
D.: C-4.	*C-4.*
J.: Aha. Agua. Ahora me toca a mí. G-10.	*Aha. Wasser. Jetzt bin ich dran. G-10.*
D.: Hundido. ¡Qué suerte! Los barcos pequeños son los más difíciles!	*Versenkt. Was für ein Glück! Die kleinen Schiffe sind die schwierigsten!*
J.: Sí, es verdad. Son siempre los últimos. Bueno sigo. H-1.	*Ja, das stimmt. Sie sind immer die letzten. Gut, ich mache weiter. H-1.*
D.: Agua. C-2.	*Wasser. C-2.*

J.: Hundido. Creo que no he colo-
cado muy bien los barcos. Vas
a ganar.

D.: Bueno, eso espero.

*Versenkt. Ich glaube, ich habe
die Schiffe nicht sehr gut
gestellt. Du wirst gewinnen.
Gut, das hoffe ich.*

Nicht nur bei diesem Spiel, sondern auch in vielen anderen Situationen müssen Sie die Buchstaben kennen. Hier finden Sie alle Buchstaben des spanischen Alphabets in der richtigen Reihenfolge:

a [a], b [b], c [ts], ch [k], d [d,ð], e [e], f [f], g [g], h [—], i [i, j], j [x],
k [—], l [l], ll [ɓ], m [m], n [n,ŋ], ñ [ɲ], o [o], p [p], q [k], r [r], rr [rr],
s [s, z], t [t], u [u], v [ß], w [—], x [x], y [i, j], z [θ].

C   Ejercicio 4

Sprechen Sie jetzt die Buchstaben des Alphabets aus, und kontrollieren Sie
Ihre Aussprache mit Hilfe der Kassette.

C   Ejercicio 5

Hören Sie sich das Alphabet auf der Kassette an, und buchstabieren Sie
dann folgende Namen:

1.) Anibal Nuñez

2.) Antonio Cubeiro

3.) Julio Iglesias

4.) Palma de Mallorca

5.) Concha Ballesteros

6.) Ihren eigenen Namen ...

In den Dialogen, die Sie gerade gehört oder gelesen haben, ist häufig vom "Besitz" die Rede: "mis" pastas, "su" madre, "vuestro" viaje. Die Wörter, mit denen Sie im Spanischen solche 'Besitz'verhältnisse anzeigen können, sind:

Adjektive

mi/s casa/s, mi/s coche/s		mein/e
tu/s casa/s, tu/s coche/s		dein/e
su/s casa/s, su/s coche/s	(de él)	sein/e
su/s casa/s, su/s coche/s	(de ella)	ihr/e
su/s casa/s, su/s coche/s	(de usted)	Ihr/e
nuestra/s casa/s, nuestro/s coche/s		unser/e
vuestra/s casa/s, vuestros/s coche/s		euer/eure
su/s casas, su/s coche/s	(de ellos)	ihre
su/s casas, su/s coche/s	(de ellas)	ihre
su/s casas, su/s coche/s	(de ustedes)	Ihre

Pronomen

mío/s, mía/s		es gehört mir
tuyo/s, tuya/s		es gehört dir
suyo/s, suya/s	(de él)	es gehört ihm
suyo/s, suya/s	(de ella)	es gehört ihr
suyo/s, suya/s	(de usted)	es gehört Ihnen
nuestro/s, nuestra/s		es gehört uns
vuestro/s, vuestra/s		es gehört euch
suyo/s, suya/s	(de ellos, de ellas)	es gehört ihnen
suyo/s, suya/s	(de ustedes)	es gehört Ihnen

Während die Adjektive, die "Besitz" anzeigen, immer dem Gegenstand oder der Person vorangestellt werden, z.B. "mi coche es azul", "vuestro viaje empieza en Madrid", stehen die Pronomen allein und werden nachgestellt, z.B. "el coche azul es mío", oder sie treten an den Satzanfang: "mi coche es azul, el suyo es rojo". (In diesem Fall mit Artikel.) Für die dritte Person existiert im Spanischen nur ein einziges Possessiv.

B Ejercicio 6

Füllen Sie die Lücken mit passenden Adjektiven oder Pronomen, und vergleichen Sie Ihre Antworten mit den Lösungen auf Seite 198.

1.) Jorge y Mónica están viajando por España. Ahora visitan a ... amigos.

2.) Están tomando café y las pastas de Carmen. ... coche está aparcado delante de la casa.

3.) "No son ... pastas", dice Carmen.

4.) Todo el mundo tiene ... maletas.

5.) "Las ... faltan", dice Mónica al pasajero.

6.) Yo tengo ... maletas. ¿Dónde están las ...?

UNIDAD 4   AYUDANDO EN CASA

C   Diálogo 1   Daniel (D.), Carmen (C.), Adela (A.)

A.: Mamá, ¿dónde está el aspirador? *Mama, wo ist der Staubsauger?*
C.: No lo sé. ¿Por qué no pregun- *Ich weiß es nicht. Warum fragst*
  tas a Daniel? *du nicht Daniel?*

A.: Daniel, ¿está el aspirador ahí arriba?

Daniel, ist der Staubsauger oben?

D.: No, aquí no está.

Nein, hier ist er nicht.

A.: ¿Estás seguro?

Bist du sicher?

D.: No del todo, pero en mi habitación no está, tampoco en la tuya, y en el cuarto de baño seguro que tampoco está. ¿No sabe mamá dónde está?

Nicht ganz, aber er ist nicht in meinem Schlafzimmer und auch nicht in deinem, und er ist bestimmt nicht im Bad. Weiß Mama nicht, wo er ist?

A.: No. ¡No puede ser! ¿No sabe nadie dónde puede estar el aspirador?

Nein. Das kann nicht sein. Weiß niemand, wo der Staubsauger ist?

C.: Adela, aquí está, en el cuarto de estar, detrás del sofá.

Adela, hier ist er, im Wohnzimmer, hinter der Couch.

Die Verneinung "no" ist im Deutschen gleichzeitig 'nein' und 'nicht' bzw. 'kein'. Denken Sie daran, daß "no" in der Bedeutung von 'nicht' oder 'kein' immer vor das Verb gestellt werden muß. Ejemplo: "no sabe dónde está", "no toma café".

"¿Tomas té? No, no tomo té, tomo café". *Trinkst du Tee? Nein, ich trinke keinen Tee, ich trinke Kaffee.* Wenn Sie im zweiten Beispiel allerdings keine Pause zwischen den beiden "no" machen, heißt es: ...? *Nein, nein, ich trinke Tee, ...*

Achtung: negative Wörter wie *nichts = nada, niemand = nadie, nie = nunca, nicht einmal = ni siquiera, kein = ninguno*, usw. können vor oder nach dem Verb stehen. Ejemplo: Nunca tiene tiempo, no tiene nunca tiempo. Stellen Sie diese Wörter vor das Verb, brauchen Sie kein "no" hinzuzufügen; wenn sie dagegen nachgestellt werden, muß auch das "no" vor das Verb treten.

C Ejercicio 1 a)

Verneinen Sie folgende Sätze und Aussagen. (Die Lösungen finden Sie auf der Kassette.)

1.) Mónica está hablando con el pasajero.

2.) Jorge y Roberto están tomando unas copas.

3.) Quiero ir a Madrid en avión.

4.) Mónica tiene vacaciones.

5.) El aspirador está en el cuarto de baño.

B Ejercicio 1 b)

Geben Sie negative Antworten. Die Lösungen finden Sie auf Seite 199.

1.) ¿Vas a España en tren?

2.) ¿Tiene Mónica sus maletas?

3.) ¿Sacan Jorge y Mónica las cosas del coche?

4.) ¿Están jugando Daniel y Jorge al ajedrez?

5.) ¿Saben dónde está el aspirador?

C Diálogo 2 Adela (A.), Roberto (R.)

R.: Adela, ¿puedes ayudarme a meter las cosas en el lavava-jillas?	*Adela, kannst du mir helfen, den Geschirrspüler einzuräumen?*
A.: ¿No lo puede hacer Daniel?	*Kann Daniel das nicht machen?*

R.: Daniel no puede hacerlo todo. Ahora está aspirando la moqueta. Y tú también nos puedes ayudar un poco en las tareas de la casa.

A.: ¿Y mamá?

R.: Mamá se ha ido de compras con Mónica y Jorge.

A.: Vale. ¿Qué quieres meter primero? ¿Los platos grandes o los pequeños?

R.: Primero los grandes, por favor, y luego las tazas viejas.

A.: Mamá nos dice siempre que no debemos meter en el lavavajillas el juego de café nuevo. Siempre lo friega a mano.

R.: De acuerdo. Entonces lo fregamos a mano.

A.: Aquí tienes los cubiertos: cuchillos, tenedores y cucharas. Pero aquí sólo hay cuatro cucharillas. ¿Dónde están las otras?

R.: A lo mejor están encima de la mesa, o debajo del mantel.

A.: No, ahí no están.

R.: ¿Y detrás del tostador o dentro del fregadero?

A.: Tampoco. Pero aquí hay una, al lado del frigorífico, y aquí

Daniel kann nicht alles tun. Im Moment saugt er den Teppichboden. Und du kannst uns auch ein bißchen bei der Hausarbeit helfen.

Und Mama?

Mama ist mit Mónica und Jorge einkaufen gegangen.

O.K. Was willst du zuerst reintun? Die großen Teller oder die kleinen?

Die großen zuerst, bitte, und dann die alten Tassen.

Mama sagt uns immer, wir sollen das neue Kaffeeservice nicht in den Geschirrspüler tun. Sie spült das immer mit der Hand.

O.K. Dann spülen wir es mit der Hand.

Hier hast du das Besteck: Messer, Gabeln und Löffel. Aber hier sind nur vier Teelöffel. Wo sind die anderen?

Vielleicht sind sie auf dem Tisch oder unter der Tischdecke.

Nein, da sind sie nicht.

Und hinter dem Toaster oder in der Spüle?

Auch nicht. Aber hier ist einer, neben dem Kühlschrank, und hier

49

hay otra sobre la alfombra que está delante de la ventana.

ist der andere, auf dem Teppich vor dem Fenster.

R.: Vale, aquí tengo ya la fuente de cristal y la bandeja de metal. Madre mía, la cazuela y la sartén están muy sucias.

O.K. hier habe ich schon die Glasschüssel und die Metallplatte. Mann oh Mann, der Topf und die Pfanne sind doch sehr schmutzig.

A.: Bueno, ya está todo. Ya puedes poner el lavavajillas.

Gut, das war alles. Du kannst den Geschirrspüler schon einschalten.

In ihrem Gespräch (Dialog 2) unterhalten sich Roberto und Adela über einige abhanden gekommene Kaffeelöffel. Dabei stellen sie immer wieder — Bezug nehmend auf bestimmte Gegenstände — fest, wo die Löffel sind bzw. nicht sind. Dieser Bezug wird mit Hilfe von Präpositionen oder Adverbien ausgedrückt, die zu einem Objekt gehören und diesem vorangestellt sind: "debajo de la mesa", "sobre la mesa", "detrás del tostador".

B   Ejercicio 2

Markieren Sie alle Präpositionen (acht, einige kommen mehrfach vor) in diesem Dialog, und vergleichen Sie Ihre Antwort mit den Lösungen auf Seite 199.

B   Ejercicio 3

Streichen Sie alle überflüssigen Buchstaben aus dem Wortsalat heraus, und trennen Sie alle Worte durch Querstriche. Die Lösung finden Sie auf Seite 199.

Pmislasrdiascucharillasrehnozokdafestandinencimadfjdesfalahans
mesaswosusjdebajofquedeljamonsimantelyidnokildetraspokdelmink
tostadoramurisinobaralpibladoüreordelmarwpfrigorificoqlmnyolkjdue
sobrejezulavicalfombra.

B Diálogo 3   Adela (A.), Mónica (M.), Roberto (R.)

A.: Papá, mamá, Mónica y Jorge
ya han vuelto. ¿Vas ahora al
jardín?

R.: Sí, primero tengo que reparar
la bicicleta de Daniel. ¿Por qué?

A.: Mónica quiere ayudarte. Dice
que le gustan los trabajos de
jardinería.

R.: ¡Estupendo! ¿Puedes decirle
que venga dentro de cinco o
quizá de diez minutos?

A.: Vale, papá.

(Pausa.)

M.: Hola Roberto. ¿Puedo hacer
algo para ayudarte?

R.: Pues claro. Hay un montón de
cosas. El césped está muy
alto y tengo que cortarlo. Además hay que arrancar las malas hierbas de aquellos macizos
de flores, del redondo y del
otro grande cuadrado de allí.
Y después quiero talar un
árbol.

M.: No me apasiona demasiado

*Papa, Mama, Mónica und Jorge
sind schon zurück. Gehst du
jetzt in den Garten?*

*Ja, aber zuerst muß ich Daniels
Fahrrad reparieren. Warum?*

*Monica möchte dir helfen. Sie
sagt, sie mag Gartenarbeit.*

*Das ist schön. Kannst du ihr
sagen, sie soll in fünf oder vielleicht zehn Minuten kommen?*

Ja, mache ich, Papa.

*Hallo Roberto. Kann ich irgend
etwas tun, um dir zu helfen?*

*Aber natürlich. Es gibt eine gan-
ze Menge zu tun. Das Gras ist
sehr hoch, und ich muß es schnei-
den. Außerdem muß das Unkraut
gejätet werden, in den beiden
Blumenbeeten dort drüben, dem
runden und dem großen quadra-
tischen dort. Und nachher will
ich einen Baum fällen.*

Ich bin nicht besonders er-

51

arrancar las malas hierbas,
pero sí me gustaría ayudarte a
cortar el césped o a talar el
árbol.

R.: Formidable. Y Daniel puede
limpiar después el césped con
el rastrillo. No le gusta nada
trabajar en el jardín, por eso se
alegra de que te guste a ti.

M.: ¿Dónde está el cortacésped?

R.: Está en el garaje. Es eléctrico.
Puedes enchufarlo allí. Debajo
del interruptor de la luz hay
un enchufe. Eres muy amable
al ayudarme.

M.: Estoy encantada de hacer algo.

picht darauf, Unkraut zu jäten,
aber ich würde dir gern helfen,
den Rasen zu mähen und den
Baum zu fällen.

Prima. Und Daniel kann an-
schließend das Gras zusammen-
harken. Er mag Gartenarbeit
überhaupt nicht, deswegen ist er
froh, daß du sie magst.

Wo ist der Rasenmäher?

Er ist in der Garage. Ein elek-
trischer. Du kannst ihn da drüben
einstecken. Unter dem Licht-
schalter ist eine Steckdose. Es
ist sehr nett, daß du mir hilfst.

Ich bin froh, etwas zu tun zu haben.

B Ejercicio 4

Füllen Sie in der folgenden Übung die Lücken, indem Sie das jeweils
passende Wort einsetzen, und überprüfen Sie Ihre Antworten anhand der
Lösungen auf Seite 200.

debajo, cortar, a, le gustan, nada, un montón, no, enchufe, eso, le apasiona,
su, interruptor, arrancar, porque.

A Mónica .... los trabajos de jardinería. No .... arrancar las malas hierbas,
pero sí le gusta .... el césped. No puede encontrar el cortacésped, ... Roberto
y Carmen lo tienen siempre en el garaje. Roberto tiene .... de cosas que
hacer en el jardín, no ha cortado el césped, hay que .... las malas hierbas y
además hay que talar un árbol. Le dice a Mónica que es muy amable al
ayudarle y que el .... para el cortacésped eléctrico está .... del .... de la luz.
A .... hijo Daniel .... le gusta .... trabajar en el járdín, por .... se alegra de que
le guste .... Mónica.

Im Spanischen stehen Ihnen drei Arten von Demonstrativpronomen zur Verfügung. Sie haben sie schon in den Dialogen gehört und gelesen:

MASKULINUM
este, ese, aquel
estos, seos, aquellos

FEMININUM
esta, esa, aquella
estas, esas, aquellas

NEUTRUM
esto, eso, aquello

Der Unterschied im Gebrauch ergibt sich aus der Entfernung der Person oder des Gegenstands vom Sprecher. "Esta" ist *hier*, "esa" ist *da* und "aquella" ist *dort drüben*. Daher auch die Adverbien: aqui (acá), ahí, allí (allá). Die neutrale Form braucht man nur, wenn man das das Geschlecht des Gegenstands noch nicht kennt. Ejemplo: "¿Qué es eso? Es el cortacésped". Sie wird auch gebraucht zur Wiederholung von Gegenständen, die man schon angesprochen hat. Ejemplo: "No le gusta nada trabajar en el jardín, por ESO ... ESO bezieht sich hier auf den ganzen Satz: "No le gusta ...".

C   Ejercicio 5

Stellen Sie Fragen, indem Sie "quién, cómo, qué, de dónde", usw. benutzen. Die Lösungen finden Sie auf der Kassette.

1.) Ese pasajero es muy simpático.

2.) Estos señores son médicos.

3.) Aquello es el puerto.

4.) Esas chicas son alemanas.

5.) Esto es un tenedor.

6.) Aquella señora es la mujer de Roberto.

7.) Esa ciudad es muy interesante.

8.) Eso es la catedral.

SABIA USTED QUE ...

A los españoles les gusta vivir en el centro de la ciudad. Por eso suelen tener, si es posible, una casa con jardín para los fines de semana: el chalé. Esto sucede especialmente en las ciudades pequeñas, mientras que en Madrid o Barcelona hay mucha gente que vive o que "tiene que" vivir en la afueras. De todas formas en los últimos años la gente intenta escapar de la contaminación de la gran ciudad y busca el aire puro de las afueras.

UNIDAD 5 **EN LA ESTACIÓN DE SERVICIO**

C Diálogo 1 Mónica (M.), Jorge (J.), Carmen (C.), Roberto (R.)

C.: Hoy vais a visitar Toledo, ¿verdad?

Heute besucht ihr Toledo, nicht wahr?

J.: Sí, pero primero queremos dar una pequeña vuelta por los alrededores. Por cierto, tengo que echarle gasolina al coche. ¿Dónde hay una gasolinera?

Ja, aber vorher wollen wir ein bißchen in der Gegend herumfahren. Übrigens, ich muß tanken. Wo ist die nächste Tankstelle?

C.:	Tienes que bajar por Valencia, por el mismo camino que el primer día. Después sigues por la primera calle a la izquierda, y a 200 metros hay una estación de servicio a mano derecha.
J.:	Gracias.
R.:	¿Cuándo queréis salir?
M.:	Creo que vamos a salir dentro de una hora, más o menos.
C.:	Muy bien. Entonces voy a prepararos unos bocadillos para el camino.

Du mußt die Valencia hinunterfahren, denselben Weg wie am ersten Tag. Danach biegst du in die erste Straße links ein, und nach 200 Metern ist eine Tankstelle auf der rechten Seite.
Danke.
Wann wollt ihr fahren?
Ich denke, wir werden so ungefähr in einer Stunde fahren.
Sehr gut. Dann werde ich euch ein paar Butterbrote für unterwegs machen.

Das Verb IR:
voy
vas
va
vamos
vais
van

"IR + a + Inf." zählt zu den Formen, mit denen man über Zukünftiges sprechen kann. Damit drücken Sie aus, daß Sie in unmittelbarer Zukunft etwas tun wollen.

C   Ejercicio 1

Machen Sie Aussagen zur unmittelbaren Zukunft anhand der vorgegebenen Hinweise. Verwenden Sie dazu IR + A + Infinitiv.

1.) Voy en transbordador.

2.) Salen dentro de una hora.

3.) Carmen prepara unos bocadillos.

4.) Visitamos Toledo.

5.) Mónica ayuda a Roberto.

6.) Pregunto a Carmen dónde hay una estación de servicio.

7.) Jorge llena el depósito de gasolina.

8.) Hago el café.

9.) La azafata busca las maletas de Mónica.

10.) Carmen va de compras con Mónica.

C   Diálogo 2   Mónica (M.), Jorge (J.)

M.: Jorge, es la segunda gasolinera por la que pasamos y se te ha olvidado de nuevo parar. Por favor, intenta parar en la próxima, o al final vamos a tener que empujar el coche.	*Jorge, das ist die zweite Tankstelle, an der wir vorbeifahren, und du hast wieder vergessen zu halten. Bitte, versuch an der nächsten zu halten, sonst müssen wir den Wagen am Ende noch schieben.*
J.: Vale, vale, está bien. Voy a parar en la tercera gasolinera.	*Schon gut, schon gut. Ich werde an der dritten Tankstelle halten.*
(Pausa.)	
M.: Ahí hay una.	*Da drüben ist eine.*

J.: De acuerdo. Ya voy a parar. A ver, gasolina sin plomo, ¿dónde está la gasolina sin plomo?

O.K. Ich halte schon. So, bleifreies Benzin, wo ist bleifreies Benzin?

M.: Allí, es el sexto surtidor.

Dort, die sechste Tanksäule.

J.: Voy a llenar el depósito.

Ich werde volltanken.

M.: Mientras tanto yo compruebo el aceite y el aire de las ruedas.

Inzwischen werde ich nach dem Öl sehen und den Luftdruck prüfen.

J.: Muy bien, yo me encargo entonces de mirar el agua, el líquido de frenos y la batería.

Sehr gut, dann kümmere ich mich um das Wasser, die Bremsflüssigkeit und die Batterie.

M.: De acuerdo.

O.K.

Neben den Ihnen schon bekannten Zahlen gibt es auch noch sogenannte Ordnungszahlen, mit denen Sie Ordnungen oder Reihenfolgen angeben können: der erste, der zweite, usw.

1° primero, 1ª primera,
2° segundo, 2ª segunda,
3° tercero/a,
4° cuarto/a,
5° quinto/a,
6° sexto/a,
7° séptimo/a,
8° octavo/a,
9° noveno/a,
10° décimo/a,
11° undécimo/a,
12° duodécimo/a,
13° decimotercero/a,

14° decimocuarto/a,
20° vigésimo/a,
30° trigésimo/a,
40° cuadragésimo, usw.
100° centésimo.

Die Ordnungszahlen haben einige Besonderheiten: Man unterscheidet immer zwischen maskulinum und femininum (segundo, segunda); primero und tercero verlieren das "o", wenn sie vor dem Substantiv stehen (primer libro, tercer surtidor).

Wenn man die Ordnungszahlen als Ziffern schreibt, wird das o oder a des Genus klein und hochgestellt dahinter geschrieben, um die Zahl als Ordnungszahl kenntlich zu machen.

C Ejercicio 2

Übersetzen Sie.

1.) Das dritte Auto.
2.) Ihr (Pl.) zweites Kind.
3,) Mein drittes Buch.
4.) Der elfte Buchstabe.
5.) Die vierte Tanksäule.
6.) Das einhundertste Mal.
7.) Sein siebzehntes Plätzchen.
8.) Der dritte Mann.
9.) Das erste Flugzeug.
10.) Ihre erste Wohnung.

C   Diálogo 3   Mónica (M.), Jorge (J.), cajera (C.)

M.: Jorge, ¿puedes ir tú a pagar?	*Jorge, kannst du bezahlen gehen?*
J.: Claro.	*Klar.*
M.: ¿Me puedes traer una tableta de chocolate?	*Kannst du mir eine Tafel Schokolade mitbringen?*
J.: De acuerdo.	*In Ordnung.*
(Pausa.)	
Número seis, por favor.	*Nummer sechs, bitte.*
C.: Son 3.759 pesetas.	*Das macht 3.759 Pesetas.*
J.: ¿Cuánto cuestan esas tabletas de chocolate?	*Wieviel kosten diese Tafeln Schokolade?*
C.: 120 pesetas.	*120 Pesetas.*
J.: Vale, déme una, por favor. Y un chicle de menta.	*O.K. Geben Sie mir bitte eine. Und einen Pfefferminzkaugummi.*
C.: Entonces, en total son 3.879 pesetas.	*Dann macht das alles zusammen 3.879 Pesetas.*
J.: Ah, y también quiero una de esas pegatinas de la Plaza Mayor.	*Und ich möchte auch einen von diesen Aufklebern mit der Plaza Mayor.*
C.: ¿De las rojas?	*Von den roten?*
J.: No, no. Las de más arriba, ... más arriba, sobre ..., creo que es el quinto estante, en la esquina de la derecha.	*Nein, denen weiter oben, ... noch höher, auf dem ..., ich glaube, es ist das fünfte Bord, in der rechten Ecke.*
C.: ¿Las azules?	*Die blauen?*
J.: Exacto, esa es.	*Genau, der ist es.*
C.: ¿Alguna cosilla más?	*Noch irgend etwas?*
J.: No, gracias, eso es todo.	*Nein, danke, das war's.*
C.: Bueno, pues en total son 3.915 pesetas.	*Gut, das macht 3.915 Pesetas, alles in allem.*
J.: Aquí tiene 2.000, 3.000, 3.500,	*Hier sind 2.000, 3.000, 3.500,*

3.700. Oh, creo que no tengo suficiente dinero suelto. Le tengo que dar un billete de 10.000.

C.: Aquí tiene su cambio. Y muchas gracias.

J.: Adios.

3.700. Oh, ich glaube, ich habe nicht genug Kleingeld. Ich muß Ihnen einen 10.000-Pesetas-Schein geben.

Hier haben Sie Ihr Wechselgeld. Und vielen Dank.

Auf Wiedersehen.

Spricht man von der spanischen Währung, sagt man neben "Pesetas" auch "Duros". Ein "Duro" ist eine Münze, die fünf Pesetas entspricht. "Cinco duros" sind also 25 Pesetas, "diez duros" sind 50 Pesetas, "veinte duros" sind hundert Pesetas.

Münzen gibt es im Wert von 1, 2, 5, 10, 25, 50, 100, 200 und 500 Pesetas, Scheine im Wert von 100, 200, 500, 1.000, 2.000, 5.000 und 10.000 Pesetas.

B   Ejercicio 3

In den folgenden Sätzen ist jeweils eine Form falsch. Finden Sie den Fehler, und lesen Sie dann die korrekten Sätze im Lösungsteil auf Seite 200 nach.

1.) ¿Cuánto costa un helado?

2.) Vivo en el primero piso.

3.) Mañana van visitar Toledo.

4.) Estas pegatinas costan 120 pesetas.

5.) Tienes alguno libro de Hermann Hesse?

C   Ejercicio 4 a)

Fragen Sie, was die folgenden Gegenstände kosten, und sagen Sie dann,
wie viele Sie davon möchten.

1.) pegatina 45 ptas. (3)
2.) pastas 375 ptas. (una caja)
3.) tomates 70 ptas. (1 kilo)
4.) cucharillas 215 ptas. (4)
5.) tazas 450 ptas. (2)

Ejemplo:

X.: ¿Cuánto cuestan esos chicles?
C.: 50 pesetas.
X.: Déme uno, por favor.

1.)
X.: ...
C.: 45 pesetas.
X.: ...

C   Ejercicio 4 b)

Beantworten Sie die Fragen nach dem jeweiligen Preis, den Angaben im
Buch entsprechend:

1.) coche   1.350.000 ptas.
2.) cortacésped   27.500 ptas.
3.) tableta de chocolate   114 ptas.
4.) un billete de tren a Salamanca   1.478 ptas.
5.) tres pegatinas   99 ptas.

1.) ¿Cuánto cuesta ese coche?

2.) ¿Cuánto cuesta ese cortacésped?

3.) ¿Cuánto cuesta esa tableta de chocolate?

4.) ¿Cuánto cuesta un billete de tren a Salamanca?

5.) ¿Cuánto cuestan tres pegatinas?

C   Diálogo 4   Mónica (M.), Jorge (J.)

M.: ¿Dónde tienes el chocolate?

Wo hast du die Schokolade?

J.: Lo siento, pero no tenían chocolate.

Es tut mir leid, aber sie hatten keine Schokolade.

M.: Oh, venga. No puede ser. Tienen que tener chocolate.

Oh, komm. Das kann nicht sein. Sie müssen Schokolade haben.

J.: A veces tienen cosas dulces, pero no en esta gasolinera. Pregunta tú misma, si no me crees.

Sie haben manchmal Süßigkeiten, aber nicht an dieser Tankstelle hier. Frag selbst, wenn du mir nicht glaubst.

M.: No es eso, es porque tengo unas ganas enormes de algo dulce, y a veces suelen tener golosinas.

Das ist es nicht, es ist nur, weil ich große Lust auf etwas Süßes habe, und normalerweise haben Sie was zum Naschen.

J.: Bueno, todo lo que tienen aquí es esta pegatina, y esta cajita.

Na, alles, was sie hier haben, ist dieser Aufkleber und diese kleine Schachtel.

M.: ¿Estás de broma? ¡Pero si es chocolate!

Machst du Witze? Aber das hier ist Schokolade.

J.: ¿Pero qué cosas dices? ¡Qué sorpresa!

Was du nicht sagst! So eine Überraschung!

M.: Eres un cielo. Muchas gra-

Du bist mir ein Schatz. Vielen

cias. Bueno, ahora como ya
tengo mi chocolate podemos
ir a ver la catedral.

*Dank. Jetzt, da ich meine Schoko-
lade schon habe, können
wir die Kathedrale besuchen.*

In Unidad 1 haben Sie schon die Formen der Gegenwart gelernt. Hier
noch einige Beispiele für zwei Arten unregelmäßiger Verben:

E>IE   O>UE

Pens-ar   **Costar**
piens-o   cuest-a
piens-as   cuest-as
piens-a   cuest-a
pens-amos (!!!)   cost-amos (!!!)
pens-áis (!!!)   cost-áis (!!!)
piens-an   cuest-an

Wie "Pensar": entender, cerrar, comenzar, usw.
Wie "Costar": contar, encontrar, volver, usw.

B   Ejercicio 5

Verbessern Sie die Fehler in den Verbformen der folgenden Sätze, beachten
Sie aber, daß nicht alle Formen falsch sind. Schreiben Sie die richtigen
Formen auf, und vergleichen Sie anschließend Ihre Antworten mit den
Lösungen auf Seite 201.

1.) Daniel corto el césped.

2.) Jorge quiere recoger a Mónica en Barajas.

3.) ¿Cuánto costa esta pegatina?

4.) Mónica y Jorge queren ir a Toledo.

5.) Carmen esperamos a sus amigos.

6.) El pasajero encuentra a su compañero.

7.) Yo penso mucho en mi familia.

8.) ¿Cuándo volves?

9.) Hoy vosotros queris visitar la catedral.

10.) Roberto no tiene que echar gasolina.

Das Verb "tener" haben Sie schon in mehreren Dialogen gehört und gelesen. Einmal in der Bedeutung von 'haben', ein andermal in der Bedeutung von 'müssen', in Verbindung mit "que": "tener que". Denken Sie an den Unterschied:

Tengo un coche. (Ich habe ein Auto.)

Tengo que comprar un coche. (Ich muß ein Auto kaufen.)

C   Ejercicio 6

Füllen Sie die Lücken mit der entsprechenden Form von 'tener' oder 'tener que' aus:

1.) Jorge ... recoger a Mónica.

2.) Mónica no ... sus maletas.

3.) Mónica y el pasajero ... esperar.

4.) Roberto ... el cortacésped en el garaje.

5.) Carmen ... preparar los bocadillos.

6.) ¿... ustedes chocolate?

7.) Jorge no ... la dirección de sus amigos.

8.) Daniel ... ayudar a su padre.

9.) Adela ... limpiar los platos a mano.

10.) Yo no ... tiempo hoy.

SABIA USTED QUE ...

Las gasolineras o estaciones de servicio españolas son un poco diferentes de las alemanas. La mayor parte de estas gasolineras pertenecen a CAMPSA, la compañía estatal, aunque cada vez se pueden ver más gasolineras de compañías privadas. El precio de la gasolina es oficial, por lo que no varía de una gasolinera a otra, tampoco en la autopista, aunque este monopolio estatal deberá desaparecer en los próximos años.

Actualmente se puede encontrar gasolina sin plomo por toda España. Desgraciadamente, desde hace unos años, se están imponiendo más las gasolineras con autoservicio, aunque todavía quedan bastantes en las que un empleado presta el servicio.

Las carreteras españolas también han mejorado muchísimo en los últimos años. Uno de los últimos impulsos ha sido a raíz de la celebración de la Exposición Universal en Sevilla, en 1992. En las autopistas es necesario pagar un peaje. Su trayecto está bien abastecido de gasolineras, áreas de servicio y centros comerciales.

LA CATEDRAL DE TOLEDO

C Diálogo 1 Mónica (M.), Jorge (J.), guía (G.)

M.: Bueno, no hemos tenido problemas para aparcar. Vamos a ver ahora dónde está la entrada.

J.: Evidentemente la entrada está en la puerta principal.

M.: Quizá debeberías leer ese cartel. Ahí pone: "Entrada para los visitantes". Con otras palabras, la entrada no es por la puerta principal, sino por la siguiente, a la derecha.

J.: Vale, vale.

(Pausa.)

Pero esto no es la iglesia, es el claustro.

M.: Perdone, ¿cómo podemos entrar en la iglesia?

G.: Saliendo del claustro, a la izquierda, aunque también pueden llegar a través del claustro. De esta forma pueden ustedes contemplar, además, el cabildo catedralicio y la sacristía.

J.: ¿Merece la pena visitar la sacristía?

G.: Sí, porque allí se exponen muchos cuadros de El Greco y otros pintores. Es un auténtico museo.

Gut, wir haben keine Probleme gehabt zu parken. Mal sehen, wo der Eingang ist.

Der Eingang ist selbstverständlich an der Haupttür.

Vielleicht solltest du dieses Schild lesen. Da steht: "Besuchereingang". Mit anderen Worten, der Eingang ist offensichtlich nicht an der Haupttür, sondern an der nächsten Tür rechts.

O.K., O.K.

Aber das ist nicht die Kirche, das ist der Kreuzgang.

Entschuldigen Sie bitte, wie können wir in die Kirche gelangen?

Nachdem Sie den Kreuzgang verlassen haben, halten Sie sich links, obwohl Sie auch durch den Kreuzgang gehen können. Auf diese Weise können Sie zudem das Domkapitel und die Sakristei besichtigen.

Lohnt es sich, die Sakristei zu besuchen?

Ja, weil dort viele Gemälde von El Greco und anderen Malern hängen. Sie ist ein richtiges Museum.

M.: Ah, El Greco, el famoso pintor. Su nombre está intimamente unido al de la ciudad de Toledo.

Aha, von El Greco, dem bekannten Maler. Sein Name ist eng mit dem Namen der Stadt verbunden.

G.: Sí, es verdad. Su verdadero nombre era Domenico Theotokopulos. Llegó a Toledo en 1577 y desde entonces su nombre se identifica casi automáticamente con la ciudad de Toledo.

Ja, das stimmt. Domenico Theotokopulos, das war sein richtiger Name, kam 1577 nach Toledo, und seitdem identifiziert man seinen Namen fast automatisch mit dem der Stadt.

J.: ¿De qué época es la catedral?

Aus welcher Epoche ist die Kathedrale?

G.: Bueno, se comenzó a construir en 1226, y las obras se terminaron cuando Colón descubrió América.

Man fing 1226 an, und die Bauarbeiten endeten, als Kolumbus Amerika entdeckte.

M.: Entonces, sobre 1492, ¿verdad?

Also, gegen 1492, nicht wahr?

G.: Exactamente.

Genau.

J.: Bueno, muchísimas gracias por la información.

Gut, dann vielen Dank für die Information.

G.: De nada. ¡Qué tengan una buena estancia en Toledo!

Bitte sehr. Und einen schönen Aufenthalt in Toledo!

M.: Muchas gracias. Es usted muy amable.

Vielen Dank. Sehr nett von Ihnen.

Jahreszahlen und Daten.
Die Wochentage lauten: lunes, martes, miércoles, jueves, viernes sábado, domingo.
Die Monate sind: enero, febrero, marzo, abril, mayo, junio, julio, agosto, septiembre, octubre, noviembre, diciembre.
Im Gegensatz zum Deutschen werden die Jahreszahlen im Spani-

schen folgendermaßen gelesen: *1492* z.B. spricht man *tausend vierhundert neunzig und zwei.*
Im Spanischen benötigt man zur präzisen Zeitangabe die Präposition "en": 1990 besucht er ... = En 1990 visita ...
Daten schreibt man mit Kardinalzahlen: 5 de enero de 1992 = *fünf von Januar von 1992.* Am 5. Januar von 1992 = el cinco de enero de 1992.

C   Ejercicio 1

Sprechen Sie die folgenden Jahreszahlen aus:

1.)	711	5.)	1802
2.)	1218	6.)	1914
3.)	1492	7.)	1945
4.)	1552	8.)	1992

C   Ejercicio 2 a)

Sagen Sie, wann folgende Personen geboren wurden:

Ejemplo: Margarita nació el 7 de marzo de 1958.

1.) José Fernández 30-8-37
2.) Magdalena Alvarez 23-11-45
3.) Ricardo Barros 19-2-51
4.) Felipe Arias 22-5-69
5.) Julián Domínguez 17-3-61

C   Ejercicio 2 b)

Verknüpfen Sie die folgenden Hinweise zu Aussagen:

1.) Tiene un congreso / lunes / 12-2-92
2.) Vienes a visitarnos / viernes / 26-9-92
3.) Recuerdo / jueves / 13-4-89
4.) Jorge quiere ir a Madrid / miércoles / 3-12
5.) Estamos en Toledo / sábado / 28-7

C   Diálogo 2   Mónica (M.), Jorge (J.), guía (G.)

J.: El claustro gótico es muy impresionante.	*Der gotische Kreuzgang ist sehr beeindruckend.*
M.: Sí. Y los cuadros de la sacristía son también maravillosos. Es verdad que es como un museo.	*Ja. Und die Bilder der Sakristei sind auch wunderschön. Es stimmt, daß sie wie ein Museum ist.*
(Pausa.)	
M.: Dios mío, qué edificio tan grande.	*Mein Gott, was für ein riesiges Gebäude.*
J.: Mira, qué bonita es esa capilla mozárabe.*	*Schau mal, wie schön diese mozarabische Kapelle ist.*
M.: Ah, sí. Pero me pregunto dónde está el Altar Mayor.	*Ah, ja. Aber ich frage mich, wo der Hochaltar ist.*
J.: Pues mira. Ahora estamos en la girola, el altar mayor tiene que estar detrás, delante del coro. Vamos a preguntar a una guía.	*Wir befinden uns jetzt in dem Chorumgang, der Hochaltar muß dahinter, vor dem Chor sein. Fragen wir mal einen Führer.*
M.: Perdone, ¿nos podría decir, por favor, dónde está el Altar Mayor?	*Entschuldigen Sie, könnten Sie uns sagen, wo der Hochaltar ist?*

69

G.: Tienen que ir ustedes por la girola, hasta la nave central. Casi en el centro de la iglesia van a ver el altar, delante del coro.

Sie müssen durch den Chorumgang gehen, bis zu dem Mittelschiff. Fast im Zentrum der Kirche sehen Sie den Altar vor dem Chor.

M.: Muchas gracias.

Vielen Dank.

(Pausa.)

J.: Este es el Altar Mayor. El retablo es fantástico.

Das ist der Hochaltar. Das Retabel ist herrlich!

M.: Sí, y fíjate también en la sillería. La parte superior es de Berruguete. Hasta ahora hemos podido apreciar diferentes estilos: la catedral es predominantemente gótica, pero tiene mucha influencia mudéjar**, sobre todo en la ornamentación. Desde luego está llena de historia y refleja el paso de diferentes culturas.

Ja, und sieh mal das Chorgestühl. Der obere Teil ist von Berruguete. Bis jetzt konnten wir schon verschiedene Stile erkennen: Die Kathedrale ist hauptsächlich gotisch, aber sie zeigt viele maurische Einflüsse, insbesondere in der Ornamentierung. Natürlich ist sie von der Geschichte geprägt und reflektiert den Wechsel unterschiedlicher Kulturen.

J.: Desde luego. Fíjate también en los ornamentos de hierro forjado.

Genau. Schau dir auch mal die schmiedeeisernen Ornamente an.

M.: Sí, son magníficos. Mira, esa es la Sala del Tesoro. ¿Vamos?

Ja, sie sind herrlich. Schau, das ist der "Sala del Tesoro" (Schatzsaal). Gehen wir?

J.: De acuerdo.

In Ordnung.

* mozárabe = mozarabisch, Christ im maurischen Spanien, der die arabische Kultur angenommen hatte.

**mudéjar = mudejar, Maure unter christlicher Herrschaft.

B   Ejercicio 3 a)

Beantworten Sie die folgenden Fragen, und vergleichen Sie Ihre Antworten mit den Lösungen auf Seite 201.

1.) ¿De qué están hablando Jorge y Mónica?

2.) ¿Qué es como un museo?

3.) ¿Dónde está el altar?

4.) ¿De quién es la parte superior de la sillería?

5.) ¿Qué quiere visitar Mónica dentro de la catedral?

B   Ejercicio 3 b)

Sagen Sie jetzt, welche der folgenden Aussagen richtig und welche falsch sind. Die Lösungen finden Sie im Buch auf Seite 201.

1.) La catedral de Toledo se empezó a construir en 1325.

2.) Las obras terminaron mucho después del descubrimiento de América.

3.) Mónica y Jorge no tienen dificultades para aparcar.

4.) Mónica y Jorge entran por la puerta principal.

5.) Visitan primero la Sala del Tesoro.

6.) En la sacristía hay cuadros de Picasso.

7.) La catedral es de estilo gótico.

8.) El Altar Mayor está detrás del coro.

9.) La catedral tiene ornamentos de hierro forjado.

10.) El Greco fue un famoso arquitecto.

71

B   Diálogo 3   Mónica (M.), Jorge (J.), Toledano (T.)

J.: ¿Quieres ver otros monumentos importantes de Toledo?	Möchtest du andere wichtige Bauwerke von Toledo sehen?
M.: ¿Qué propones?	Was schlägst du vor?
J.: Podemos elegir: Existen monumentos árabes, mudéjares, judíos, góticos ...	Wir können wählen: Es gibt arabische, jüdische, gotische Monumente ...
M.: Entonces vamos a visitar una sinagoga y el museo de El Greco. Pero primero déjame hacer una foto de la catedral con la torre. Es una de las características de la ciudad.	Dann werden wir eine Synagoge und das El-Greco-Museum besuchen. Aber zuerst laßt mich ein Foto von der Kathedrale mit dem Turm machen. Das ist eines der Wahrzeichen der Stadt.
J.: De acuerdo. Mientras tú haces la foto yo voy a preguntar cómo llegar hasta allí.	O.K. Während du das Foto machst, werde ich fragen, wie man dahin kommt.
M.: Muy bien.	Sehr gut.
J.: Perdone señor, ¿me podría indicar el camino hasta la Sinagoga del Tránsito?	Entschuldigen Sie, könnten Sie mir den Weg zur "Sinagoga del Tránsito" zeigen?
T.: Con mucho gusto. Vaya por aquí a la derecha y después la primera calle a mano izquierda. Después siga todo recto, hasta ver una iglesia. A la derecha está la calle de Santo Tomé. Siga por esa calle y luego tome la primera a la izquierda. Vaya todo seguido y al final de la calle está la Sinagoga del Tránsito.	Gern. Gehen Sie hier rechts und dann die erste Straße links. Danach gehen Sie weiter geradeaus, bis Sie eine Kirche sehen. Rechts ist die Santo Tomé Straße. Gehen Sie durch diese Straße weiter, danach die erste links und dann geradeaus. Am Ende der Straße ist die "Sinagoga del Tránsito".
J.: Muchas gracias, muy amable.	Vielen Dank, sehr nett von Ihnen.
T.: De nada.	Keine Ursache.

C   Ejercicio 4

Schauen Sie sich den Stadtplan auf Seite 74 genau an. Sie befinden sich vor dem Bahnhof, mit dem Bahnhofsgebäude im Rücken. Starten Sie anschließend die Kassette. Sie werden fünfmal nach dem Weg gefragt. Drücken Sie gegebenenfalls die Pausentaste, um die gewünschte Auskunft zu geben, und überprüfen Sie Ihre Antworten mit Hilfe der Kassette. Um die Zahl der Möglichkeiten etwas einzuschränken, sind die entsprechenden Wege grau markiert.

1.) Perdone, ¿dónde está el museo?

2.) Perdone, ¿podría decirme dónde está la oficina de Correos?

3.) ¿Me podría indicar el camino hasta la iglesia?

4.) Por favor, ¿me puede decir dónde está el cine?

5.) Perdone, ¿me podría indicar cómo llegar al aparcamiento?

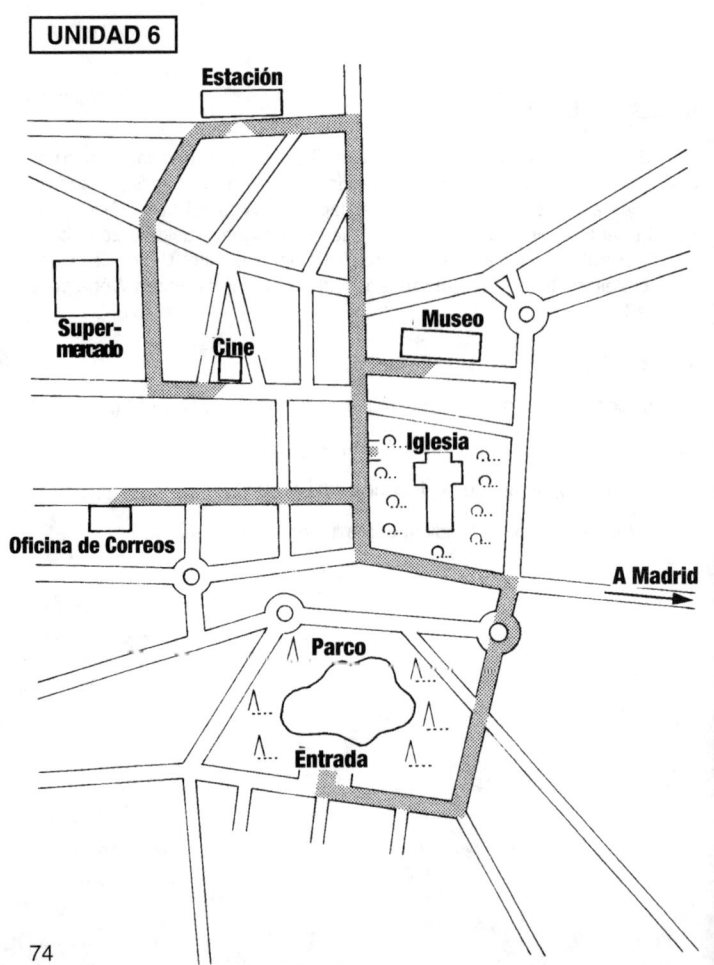

Wenn Sie beschreiben wollen, wo sich etwas befindet, haben Sie zwei
Möglichkeiten: Handelt es sich um eine bestimmte Sache (la casa, mis
libros), dann benutzen Sie das Verb "estar".
Wenn es um etwas Unbestimmtes geht oder um Zahlen (un libro,
algunos amigos, tres tomates), dann müssen Sie "hay" verwenden
(es gibt).
Ejemplo:
"¿Dónde hay un museo?" Aber: "¿Dónde está el museo?"
"¿Hay mucha gente en la catedral?" Aber: "La gente está en la
catedral."

B   Ejercicio 5

Entscheiden Sie sich: "estar" oder "hay"? Die Lösungen finden Sie auf
Seite 202.

1.) El altar ... en el centro de la catedral.

2.) Detrás del altar ... un retablo.

3.) ¿Dónde ... la sinagoga?

4.) En Toledo ... muchas iglesias.

5.) Enfrente del museo ... un bar.

DE COMPRAS

C Diálogo 1   Jorge (J.), Roberto R.), Adela (A.)

A.: Primero voy a buscar un carrito.

Als erstes hole ich einen Einkaufswagen.

J.: Vale. Roberto, ¿tienes tú la lista de la compra?

O.K. Roberto, hast du den Einkaufszettel?

R.: Espera un momento. No la encuentro. A lo mejor la he dejado en casa.

Warte eine Sekunde. Ich finde ihn nicht. Vielleicht habe ich ihn zu Hause gelassen.

A.: No, papá, mira, la tengo yo.

Nein, Papa, guck mal, ich hab' ihn.

R.: Estupendo. ¿Qué pone en la lista? ¿Tenemos que comprar fruta?

Prima, was steht denn da? Müssen wir Obst kaufen?

A.: Sí. O manzanas o peras.

Ja. Entweder Äpfel oder Birnen.

J.: Las peras están más baratas que las manzanas. Y son más dulces y más sabrosas.

Die Birnen sind viel billiger als die Äpfel. Und sie sind süßer und schmackhafter.

R.: De acuerdo, dos kilos de peras. Y ahora, ¿qué sigue?

In Ordnung, zwei Kilo Birnen. Und was kommt jetzt?

A.: Necesitamos un kilo de cebollas, medio kilo de tomates, un pepino y una lechuga.

Wir brauchen ein Kilo Zwiebeln, ein Pfund Tomaten, eine Gurke und einen Kopfsalat.

J.: ¿Qué te parece ésta?

Wie wär's mit diesem?

R.: No, coge la de al lado. Está más fresca.

Nein, nimm den daneben. Der ist frischer.

A.: ¿Está bien este pepino, o quieres uno más largo?

Ist diese Gurke O.K., oder möchtest du eine längere?

R.: No, no. Ese está muy bien.
Bueno, y ahora vamos a por
el queso.

*Nein, nein. Die ist völlig in Ord-
nung. So, jetzt holen wir den
Käse.*

A.: Mientras tanto, yo voy a buscar
el papel higiénico.

*Inzwischen hole ich das Toilet-
tenpapier.*

J.: Vamos contigo, porque nos
hacen falta también unas pastillas de jabón, detergente
para el lavavajillas y para la
lavadora.

*Wir gehen mit dir, weil wir ein
paar Stück Seife, Reinigungs-
mittel für den Geschirrspüler
und die Waschmaschine
brauchen.*

A.: Papá, ¿puedo comprar este
jabón? Huele mejor que el verde.

*Papa, darf ich diese Seife kau-
fen? Sie riecht besser als die grüne.*

R.: Bueno. De todas formas el
verde es más caro.

*Gut. Die grüne ist sowieso
teurer.*

J.: ¿Queréis que compre yo el
pan en la panadería que está
al final del pasillo?

*Soll ich das Brot in der Bäckerei
am Ende des Gangs kaufen?*

R.: Sí, muy bien. Compra dos
barras y un pan integral. Mientras tú compras el pan, yo voy
a comprar el queso. Qué te
gusta más, ¿el queso fresco o
el manchego?

*Ja, sehr gut. Kauf zwei Baguet-
tes und ein Vollkornbrot. Während du das Brot kaufst, kaufe
ich den Käse. Was magst du
lieber, "Manchego" oder Frisch-
käse?*

J.: Me gusta tanto uno como otro.

*Ich mag den einen so gern wie
den anderen.*

A.: Papá, ¿me dejas que compre
croquetas?

*Papa, darf ich Kroketten
kaufen?*

R.: Sí, y trae también medio kilo
de calamares.

*Ja, und bring auch ein Kilo
Tintenfisch mit.*

J.: Después de comprar el pan,
me pongo en la cola de la
carnicería. Os espero allí.

*Nachdem ich das Brot gekauft habe,
stelle ich mich in der Schlange
beim Metzger an. Ich warte da auf
euch.*

R.: De acuerdo.

In Ordnung. 77

Die Adjektive werden im Spanischen immer mit "más" gesteigert. Ejemplo: más bonito, más simpática, más caro. Im Superlativ fügt man den entsprechenden Artikel hinzu: el (libro) más caro (de todos); la (casa) más bonita. Achten Sie darauf, den Artikel nur einmal zu verwenden, auch dann, wenn Sie das jeweilige Substantiv nennen. Möchten Sie eine absolute Steigerung ausdrücken, so hängen Sie die Endung -ísimo/a an den Stamm des Adjektivs. Ejemplo: las manzanas están carísimas.

Achtung: Hinzu kommen einige Ausnahmen wie *bueno, mejor, el mejor; malo, peor, el peor; pequeño, menor, el menor; grande, mayor, el mayor.*

B   Ejercicio 1

Steigern Sie die folgenden Adjektive. Schreiben Sie Ihre Antworten auf, und vergleichen Sie sie dann mit den Lösungen auf den Seiten 202-203.

1.)	barato	2.)	dulce
3.)	sabrosa	4)	cara
5.)	pequeños	6.)	largos
7.)	frescas	8.)	atractivas
9.)	bueno	10.)	delgados
11.)	pesada	12.)	agresivo
13.)	simpáticas	14.)	mala
15.)	grande		

C   Diálogo 2   Jorge (J.), Roberto (R.), Adela (A.), dependiente (D.)

D.: ¿Qué desea?

R.: Quiero un kilo de carne picada y dos de salchichas.

D.: Aquí tiene, ¿algo más?

R.: Sí, jamón de York, medio kilo de jamón de York.

D.: Lo siento, pero no me queda jamón de York. Pero puede comprar del que viene ya empaquetado.

R.: Bueno pues entonces eso es todo. ¡Adela, Adela, estoy aquí!

A.: Ah, papá, he comprado dos kilos de calamares porque están más baratos que la semana pasada.

R.: ¿Dónde está Jorge?

A.: No sé.

R.: Bueno antes de ir a la caja necesitamos jamón de York y una docena de huevos.

A.: Vale, yo voy a buscar los huevos, tú el jamón y nos encontramos en la caja. De paso podemos echar un vistazo a ver si vemos a Jorge.

R.: Entonces, voy a comprar algo para beber.

A.: Pero compra por lo menos tanta gaseosa como la semana

Kann ich Ihnen helfen?

Ich möchte ein Kilo Hackfleisch und zwei Kilo Würstchen.

Bitte sehr, sonst noch etwas?

Ja, gekochten Schinken, ein Pfund gekochten Schinken.

Es tut mir leid, aber ich habe keinen Schinken mehr. Sie können aber welchen kaufen, der schon abgepackt ist.

Gut, das war dann alles. Adela, Adela, hier bin ich!

Ah, Papa, ich habe zwei Kilo Tintenfische gekauft, weil sie billiger sind als letzte Woche.

Wo ist Jorge?

Ich weiß nicht.

Nun, bevor wir zur Kasse gehen, brauchen wir noch gekochten Schinken und ein Dutzend Eier.

O.K., ich hole die Eier, du den Schinken, und wir treffen uns an der Kasse. Unterwegs können wir nach Jorge Ausschau halten.

Dann besorge ich etwas zu trinken.

Kauf aber mindestens genausoviel Limonade wie letzte

pasada porque somos más.
(Pausa.)

A.: ¡Jorge!

J.: ¡Hola!

A.: Papá y yo te estamos buscando.

J.: Sí, claro. Supongo que encontrar aquí a alguien es más dificil que en cualquier otra parte. Yo tenía el mismo problema.

A.: Papá está haciendo cola ya en la caja. Vamos, venga. ¿Tienes el pan?

J.: Sí, ya tengo todo. Vamos.

Woche, weil wir mehr Leute sind.

Jorge!

Hallo!

Papa und ich, wir suchen dich.

Ja, klar. Ich nehme an, hier jemanden zu finden ist schwieriger als irgendwo anders. Ich hatte das gleiche Problem.

Papa wartet schon in der Schlange an der Kasse. Komm, gehen wir. Hast du das Brot?

Ja, ich habe alles. Laß uns gehen.

Wenn Sie Vergleiche anstellen, drücken Sie Unterschiede durch den Komparativ, gefolgt von "que", aus: Ejemplo: más barato que ... Einen geringeren Grad können Sie dabei durch "menos ... que" zum Ausdruck bringen, "menos importante que" bedeutet also: *weniger wichtig als*.

Wenn Sie keinen Unterschied, sondern Gleichheit beschreiben wollen, können Sie dazu die Struktur "tan ... como" verwenden. Ejemplo: tan caro como ...
Achtung: Hier muß man zwischen Adjektiven (bonito, caro), Adverbien (tarde, lejos), und Verben oder Substantiven unterscheiden. Bei den beiden letztgenannten steht statt "tan", "tanto", "tanto/a, tantos/as". Ejemplo: Tiene tantas vacaciones como Jorge. Compra tanto como Elena.

C   Ejercicio 2 a)

Drücken Sie Ihre Meinung in den folgenden Vergleichen aus.

1.) El queso español es (bueno/malo) que el queso alemán.

2.) La fruta fresca es (sana) que en conserva.

3.) La lechuga es (barata/cara) que el pepino.

4.) La catedral de Toledo es (bonita) que la de Segovia.

5.) El viaje en avión es (interesante) que en tren.

C   Ejercicio 2 b)

Vergleichen Sie jetzt.

1.) Mónica tiene vacaciones. Jorge tiene más vacaciones.

2.) Toledo tiene diez iglesias. Salamanca tiene diez iglesias.

3.) Carmen es simpática. Victoria también es simpática.

4.) Michael trabaja mucho. Antonio también trabaja mucho.

5.) Jesús llega tarde. Pedro también llega tarde.

SABIA USTED QUE ...

Los supermercados españoles cada vez se diferencian menos de los alemanes. Las pequeñas tiendas de ultramarinos, una especie de "Tante Emma Laden" tienden a desaparecer, debido a la presión de los grandes supermercados o hipermercados, como se los llama en España.

Los productos varían un poco. En España se come sobre todo pan blanco. El pan es algo necesario en cada comida y se suele comprar fresco todos los días. Es las panaderías se venden además leche y otros productos lácteos, galletas, magdalenas y otros dulces típicos del desayuno, así como aquellas cosas que puede necesitar el ama de casa diariamente: harina, azúcar, etc. Los españoles comen mucho pescado; la verdura y la fruta suele ser más barata que en Alemania. El jamón y otros embutidos no son ahumados, como los alemanes. Los supermercados están abiertos de nueve y media o diez de la mañana a una y media de la tarde, y de cuatro y media o cinco a ocho, más o menos, ya que los horarios son libres. Normalmente en las ciudades pequeñas no va encontrar usted nada abierto a mediodía.

VISITANDO EL ESCORIAL

C Diálogo 1 Mónica (M.), Carmen (C.)

C.: ¿Qué vais a hacer hoy?

M.: Queremos visitar uno de los palacios más famosos de España.

C.: Entonces vais a visitar un edificio gigantesco que está cerca de Madrid. En otras palabras El Escorial.

M.: Así es. No sé mucho sobre él, pero siempre que leo una guía de Madrid aparece El Escorial.

C.: Naturalmente, es una de las atracciones de los alrededores de Madrid.

M.: Pero en Madrid está también el Palacio Real, y el rey vive en el Palacio de la Zarzuela.

C.: Ya claro. Pero el atractivo de El Escorial no reside sólo en el hecho de que es un palacio. Por su estilo y grandiosidad fue la mayor empresa artística española de su tiempo, y residencia de Felipe II. Gente de todas partes quiere visitar la llamada "octava maravilla del mundo".

Was macht ihr denn heute?

Wir möchten heute einen der berühmtesten Paläste Spaniens besichtigen.

Also wollt ihr ein riesiges Gebäude besichtigen, das in der Nähe von Madrid ist. El Escorial mit anderen Worten.

Ja, genau. Ich weiß nicht viel darüber, aber immer, wenn ich einen Reiseführer über Madrid lese, ist El Escorial darin aufgeführt.

Natürlich, es ist eine der Attraktionen in der Umgebung von Madrid.

Aber in Madrid habt ihr auch den 'Palacio Real', und der König lebt im 'Palacio de la Zarzuela'.

Ja klar. Aber das Besondere von El Escorial besteht nicht nur in der Tatsache, daß es ein Palast ist. Wegen seines Stils und seiner Großartigkeit war er zu seiner Zeit das größte künstlerische Unterfangen in Spanien und Residenz von Philipp II. Menschen aus aller Welt möchten das sogenannte "achte Weltwunder" besichtigen.

M.: Eso nos pasa a nosotros.	*Das trifft auch auf uns zu.*
C.: Si os esperáis a que venga Daniel del colegio, os acompañamos.	*Wenn ihr darauf wartet, daß Daniel aus der Schule kommt, begleiten wir euch.*
M.: Oh, sí, sería estupendo. Así tenemos un guía privado para nosotros solos.	*Oh, ja, das wäre toll. Dann haben wir einen privaten Führer für uns allein.*

Die Personalpronomen, deren Subjektform Sie schon in Unidad 1 kennengelernt haben, haben neben dieser Subjektform auch noch eine Objektform. Die Dativ- oder Akkusativformen lauten:

me	mich/mir	nos	uns
te	dich/dir	os	euch
le/lo	ihn	los	sie
la	sie	las	sie
lo	es		
le	ihm/ihr	les	ihnen

Stellung: vor dem Verb, es sei denn, dieses steht im Indikativ, Gerundium oder Imperativ.

Anders als im Deutschen steht nach Präpositionen die Subjektform: para él (für ihn), con nosotros (mit uns). Dies gilt nicht für "**yo**" und "**tú**". Diese werden nach Präpositionen zu "**mí**"und "**ti**".

Ausnahmen: conmigo = mit dir
                       contigo = mit dir

84

B   Ejercicio 1

Füllen Sie die Lücken mit den passenden Pronomen, und vergleichen Sie Ihre Antworten mit den Lösungen auf Seite 203.

Daniel sabe un poco sobre la historia del Escorial. ... ha estudiado en el colegio y ... fascina. Por eso Jorge y Mónica quieren ir con ... . Hay mucha gente que quiere visitar El Escorial. Eso ... pasa a ... Carmen ... dice que es "la octava maravilla del mundo". Daniel está todavía en el colegio. Mónica y Jorge tienen que esperar ... . Para ... es importante tener un guía como Daniel. Daniel tiene que hacer los deberes, pero ... puede hacer después de la visita.

B   Diálogo 2   Daniel (D.), Carmen (C.)

D.: Hola, mamá.	*Hallo Mama.*
C.: Hola, Daniel. ¿Qué tal en la escuela?	*Hallo, Daniel. Wie war's in der Schule?*
D.: Bien. Saqué una buena nota en historia.	*Gut, ich habe eine gute Note in Geschichte bekommen.*
C.: ¡Eso está muy bien! Oh, por cierto, ya que hablas de historia ...	*Das ist gut! Oh, übrigens, wenn du schon von Geschichte sprichst ...*
D.: ¿Sí?	*Ja?*
C.: Mónica y Jorge quieren ir al Escorial. Creo que podrías ir con ellos y explicarles algunas cosas.	*Monica und Jorge wollen nach El Escorial fahren. Ich denke, du könntest mit ihnen fahren und ihnen etwas dazu erklären.*
D.: Pues claro.	*Ja, klar.*
C.: ¿Por qué no se lo dices? Están en su cuarto.	*Warum sagst du es ihnen nicht? Sie sind in ihrem Zimmer.*
D.: De acuerdo.	*In Ordnung.*

B   Diálogo 3   Daniel (D.), Mónica (M.), Jorge (J.)

D.: ¡Hola a todos!	*Hallo zusammen!*
M/J: ¡Hola Daniel!	*Hallo Daniel!*
D.: Me he enterado de que queréis ir a ver El Escorial.	*Ich habe gehört, ihr wollt nach El Escorial fahren.*
M.: Sí y tú eres el experto.	*Ja, und du bist der Experte.*
D.: Experto seguro que no soy, pero sé un poco sobre la historia de El Escorial.	*Bestimmt kein Experte, aber ich weiß ein bißchen über die Geschichte von El Escorial.*
J.: ¿Quieres venir con nosotros?	*Möchtest du mitkommen?*
D.: Sí, si puedo hacer los deberes después ...	*Ja, wenn ich meine Hausaufgaben später machen kann ...*
J.: Creo que esto no va a ser ningún problema. Ahora mismo hablo de esto con Carmen.	*Ich glaube, das wird kein Problem sein. Ich spreche sofort mit Carmen darüber.*

Die Vergangenheitsform **Pretérito Indefinido** wird im Spanischen bei allen regelmäßigen Verben dadurch gebildet, daß man andere Endungen an die Grundform anhängt.

-AR	-ER	-IR
habl-**é**	com-**í**	viv-**í**
habl-**aste**	com-**iste**	viv-**iste**
habl-**ó**	com-**ió**	viv-**ió**
habl-**amos**	com-**imos**	viv-**imos**
habl-**asteis**	com-**isteis**	viv-**isteis**
habl-**aron**	com-**ieron**	viv-**ieron**

Grundsätzlich bezeichnet diese Zeit eine abgeschlossene Handlung in der Vergangenheit. Weil die Ereignisse normalerweise zu einem bestimmten Zeitpunkt geschehen sind, stehen sie oft mit zusätzlichen Zeitangaben, wie z.B. *ayer, el lunes pasado, anteayer, etc.*

B   Ejercicio 2

Setzen Sie die folgenden Sätze in die Vergangenheit. Die Lösungen finden Sie auf Seite 203.

1.) Mónica habla con Carmen sobre Daniel.

2.) Daniel saca una buena nota en historia.

3.) Mónica y Jorge visitan El Escorial.

4.) Carmen escribe una carta.

5.) Yo aprendo español.

6.) Carmen y Roberto invitan a sus amigos.

C   Diálogo 4   Daniel (D.), Jorge (J.), Mónica (M.)

D.: Bueno, ya sabéis que El Escorial no está muy lejos de Madrid, pero lo suficiente como para poder respirar el aire puro de la sierra de Guadarrama.

Nun, ihr wißt bereits, daß El Escorial nicht weit von Madrid ist, aber weit genug, um die frische Luft der 'Sierra de Guadarrama' atmen zu können.

M.: Sí, es verdad, se nota la diferencia.

J.: ¿A qué altura está más o menos?

D.: Creo que a unos 1000 metros sobre el nivel del mar.

J.: Oh, no está mal.

(Pausa.)

D.: San Lorenzo de El Escorial es en realidad un pueblo, con una particularidad especial: hace varios siglos fue la residencia de Felipe II.

J.: ¿El hijo de Carlos V?

D.: Sí, y nieto de los Reyes Católicos, así es que heredó un gran imperio.

M.: ¿Cuándo comenzaron las obras del Escorial?

D.: Creo que en el año 1558, después de la victoria de San Quintín y se construyó en honor de San Lorenzo.

M.: Es un edificio muy sobrio.

D.: Sí, esa era una de las características de Felipe II. Fue un monarca muy riguroso, preocupado especialmente por las cuestiones religiosas. Por

Ja, das ist wahr, man merkt den Unterschied.

In welcher Höhe liegt es ungefähr?

Ich glaube, etwa 1000 Meter über dem Meeresspiegel.

Oh, das ist nicht schlecht.

In Wirklichkeit ist San Lorenzo de El Escorial ein Dorf, mit einer speziellen Besonderheit: Vor einigen Jahrhunderten war es die königliche Residenz von Philipp II.

Dem Sohn von Karl V?

Ja, und Enkelkind der Katholischen Monarchen, also Erbprinz eines großen Imperiums.

Wann haben die Bauarbeiten begonnen?

Ich glaube, im Jahre 1558, nach dem Sieg von San Quintín, es wurde zu Ehren des Heiligen Lorenzo gebaut.

Es ist ein sehr schlichtes Gebäude.

Ja, das war eine der Eigenschaften von Philipp II. Er war ein sehr strenger Monarch, der insbesondere mit religiösen Belangen beschäftigt war. Deswe-

eso El Escorial es a la vez palacio y monasterio.

gen ist El Escorial gleichzeitig Palast und Kloster.

M.: El palacio es de granito, ¿verdad?

Der Palast ist aus Granit, nicht wahr?

D.: Sí, unos lo llaman "monótona sinfonía de piedra", otros "pesadilla arquitectónica", pero a mí me gusta mucho, precisamente por eso, por su sobriedad y su grandiosidad.

Ja, einige nennen ihn "monotone Symphonie aus Stein", andere "architektonischen Alptraum", aber mir gefällt er sehr, gerade deswegen, wegen seiner Schlichtheit und seiner Großartigkeit.

J.: Es un estilo completamente distinto a todo lo que vimos en Toledo.

Es ist ein ganz anderer Stil als alles, was wir in Toledo gesehen haben.

D.: Por supuesto. Pero todavía tenemos que visitar la biblioteca, una de las mejores después de la del Vaticano; y el Panteón, dónde están enterrados muchos reyes españoles.

Selbstverständlich. Aber wir müssen heute noch die Bibliothek besichtigen, eine der bedeutendsten nach der des Vatikans, und das Mausoleum, in dem viele spanische Könige begraben sind.

M.: Oh, sí, esto me interesa muchísimo.

Oh, ja, das interessiert mich sehr.

Die Regel zur Wortstellung im einfachen Aussagesatz lautet im Spanischen *Subjekt-Verb-Objekt,* also: Jemand tut oder tat etwas, z.B. *Daniel juega a los barcos, Mónica corta el césped.* Anders als im Deutschen ändert sich auch dann nichts an dieser Reihenfolge, wenn eine Zeitangabe hinzugefügt wird: *Ayer Mónica cortó el césped.* Zeitbestimmungen können an den Satzanfang oder das Satzende gestellt werden.

UNIDAD 8

C   Ejercicio 3

Bringen Sie die Satzteile in die richtige Reihenfolge. Lösen Sie diese Aufgabe erst schriftlich, und sprechen Sie die Sätze anschließend. Sie können Ihre Antworten mit Hilfe der Kassette überprüfen.

1.) cerca de / está / El Escorial / Madrid.

2.) en 1558 / las obras / comenzaron.

3.) el palacio / en honor de / se contruyó / San Lorenzo.

4.) vivió / Felipe II / hace varios siglos.

5.) palacio / es / monasterio / y / a la vez.

6.) Toledo / ayer / Jorge / y / visitaron / Mónica.

7.) muy simpático / hablaron / anteayer / con un guía.

8.) explicó / les / que / la sacristía / muchos cuadros / en / hay.

B   Ejercicio 4

Übersetzen Sie die Lösungssätze aus Ejercicio 3 ins Deutsche, und vergleichen Sie Ihre Antworten mit den Lösungen auf Seite 204.

ESCRIBIENDO CARTAS Y POSTALES

C Diálogo 1   Mónica (M.), Jorge (J.), Carmen (C.), Roberto (R.)

M.: Perdona, Carmen, este boli ya no escribe. ¿Tienes otro?

Entschuldige, Carmen, dieser Kuli schreibt nicht mehr. Hast du einen anderen?

C.: Pues claro. Toma éste.

Ja, natürlich. Nimm doch diesen hier.

M.: Gracias.

Danke.

R.: ¿No estarás escribiendo una carta, verdad?

Du schreibst doch keinen Brief, oder?

M.: Sí, ¿por qué te asombras tanto?

Doch, warum erstaunt dich das so sehr?

R.: Oh, no, por nada. Es que sé que a Jorge no le gusta escribir. Prefiere llamar por teléfono.

Oh, nein, es ist nichts. Ich weiß nur, daß Jorge nicht gern schreibt. Er zieht es vor zu telefonieren.

J.: Bueno.Tenemos nuestras reglas especiales. Mónica escribe las cartas y yo sólo las postales.

Nun. Wir haben unsere speziellen Regeln. Monica schreibt die Briefe, und ich schreibe nur die Postkarten.

R.: No está mal, lo deberíamos hacer también nosotros. Cuando estamos de vacaciones siempre discutimos sobre quién debe escribir las postales. No escribimos muchas cartas.

Nicht schlecht, das sollten wir auch tun. Wir streiten immer darüber, wer die Postkarten schreibt, wenn wir Ferien machen. Briefe schreiben wir nicht viele.

J.: ¿A quién escribes?

Wem schreibst du?

M.: A María, y tú podrías escribir unas postales a Juan y a Ana.

Maria, und du könntest Post-karten an Juan und an Ana schreiben.

J.: Sí, sí, después lo hago. Sigue, escribe primero tu carta.

Ja, ja, das mache ich später. Mach weiter, schreib du deinen Brief zuerst.

Sie haben schon in Unidad 5 gelernt, daß es im Spanischen unregel-mäßige Verben gibt. Die Formen dieser Verben müssen Sie auswen-dig lernen. Einige sind Ihnen im Verlauf des Kurses schon begegnet, sie sind als Vokabeln ins Wörterverzeichnis mit aufgenommen wor-den, und etliche andere finden Sie in Monicas Brief.

Unregelmäßige Verben im Präsens:

venir
vengo, vienes, viene, venimos, venís, vienen.
pedir
pido, pides, pide, pedimos, pedís, piden.
hacer
hago, haces, hace, hacemos, hacéis, hacen.
conocer
conozco, conoces, conoce, conocemos, conocéis, conocen.
construir
construyo, construyes, construye, construimos, construis, construyen.
decir
digo, dices, dice, decimos, decís, dicen.

Viele dieser Verben sind auch im Pretérito Indefinido unregelmäßig:

venir
vine, viniste, vino, vinimos, vinisteis, vinieron.
querer
quise, quisite, quiso, quisimos, quisisteis, quisieron.
pedir
pedí, pediste, pidió, pedimos, pedisteis, pidieron.
hacer
hice, hiciste, hizo, hicimos, hicisteis, hicieron.
construir
construí, construiste, construyó, construimos, construisteis,
construyeron.
tener
tuve, tuviste, tuvo, tuvimos, tuvisteis, tuvieron.
estar
estuve, estuviste, estuvo, estuvimos, estuvisteis, estuvieron.
ser und **ir**
fui, fuiste, fue, fuimos, fuisteis, fueron.
decir
dije, dijiste, dijo, dijimos, dijisteis, dijeron.

(Carta)

27 de mayo de 1992

Querida María,

Es muy agradable estar de nuevo en España, especialmente porque así podemos conocer la capital y el centro del país. Estamos viviendo en casa de Carmen y de Roberto. Roberto es un amigo de Jorge, y Carmen es su mujer. Tienen dos niños: Daniel y Adela. Daniel tiene 16 años y Adela 12. Yo vine a Madrid en avión, y Jorge, que estaba en un congreso en Palma de Mallorca, vino desde allí con el coche en transbordador. Me fue a buscar al aeropuerto y fuimos juntos a casa de Roberto y Carmen. Ya visitamos Toledo. Es una ciudad única, con tantos monumentos y esas calles tan estrechas.
Ayer estuvimos en El Escorial. Fue muy interesante, especialmente porque Daniel nos explicó muchas cosas. Todo es muy bonito y todavía nos queda mucho por ver.
Dale muchos saludos de mi parte a Teresa, creo que vamos a estar de regreso para su cumpleaños.

Muchos besos,

Mónica.

B   Ejercicio 1

Unterstreichen Sie alle (regelmäßigen und unregelmäßigen) Formen des Pretérito Indefinido in Monicas Brief.
Vergleichen Sie Ihre Antworten mit den Lösungen auf Seite 204.

C   Ejercicio 2

Monica und Jorge hatten bislang recht ereignisreiche Ferien. Erinnern Sie sich noch, was sie schon alles gemacht haben? Dann erzählen Sie es doch mal! Die Stichpunkte im Buch helfen Ihnen dabei, denken Sie aber daran, immer das Pretérito Indefinido zu verwenden.

1.) Jorge va de ... a ... en transbordador.

2.) Mónica llega en ... a Barajas.

3.) Un pasajero muy simpático ayuda ... .

4.) Jorge va a buscar a ... a ... .

5.) Llegan a casa ..., y toman ... con ellos.

6.) Mónica quiere ayudar ... a ... el césped.

7.) Tienen que llenar el depósito de ... .

8.) Están todo ... en Toledo.

9.) Jorge va de ... con ... .

10.) También visitan ... .

B Diálogo 2 Carmen (C.), Roberto (R.), Jorge (J.)

R.: Bueno Jorge, estoy seguro de que estás impaciente por empezar a escribir tus postales.

Na, Jorge, ich bin sicher, daß du es kaum erwarten kannst, damit anzufangen, deine Postkarten zu schreiben.

C.: Hablando de otra cosa, nos gustaría mucho salir a jugar al tenis.

Und nebenbei, wir würden gerne rausgehen, um Tennis zu spielen.

J.: Sí, tenéis toda la razón, me muero de ganas de escribir postales.

Ja, Ihr habt vollkommen recht, ich brenne geradezu darauf, Postkarten zu schreiben.

C.: Bueno, también puedes venir con nosotros a jugar al tenis.

Nun, du kannst auch mitkommen, um Tennis zu spielen.

J.: Mm. Voy a escribir unas postales, y quizá nos podemos encontrar más tarde, cuando Mónica acabe su carta.

Mm. Ich schreibe nur ein paar Karten, und vielleicht können wir uns später treffen, wenn Mónica mit ihrem Brief fertig ist.

C.: Es una buena idea. Roberto os puede dejar un mapa para que encontréis el club sin problemas.

Das ist eine gute Idee. Roberto kann euch einen Stadtplan geben, damit ihr den Club ohne Probleme findet.

J.: Estupendo, entonces voy a escribir mis postales.

Prima, dann schreibe ich meine Karten.

(Tarjeta postal)

Querida Ana:

Lo estamos pasando fenomenal y el tiempo es maravilloso.
Vivimos en casa de unos amigos y es muy agradable.
Anteayer estuvimos en Toledo y ayer Daniel, el hijo de nuestros
amigos, nos enseño El Escorial. Es todo muy bonito. Hasta la
vuelta.
Un fuerte abrazo,

Jorge

Hier noch ein Verb, dessen Formen Sie auswendig lernen müssen:

jugar
Presente: juego, juegas, juega, jugamos, jugáis, juegan.
Pret. Indef.: jugué, jugaste, jugó, jugamos, jugasteis, jugaron.

B   Ejercicio 3

Sagen Sie, welche Sportarten Sie vor dem jeweiligen Zeitraum betrieben
haben, indem Sie immer eine Zeitangabe mit einer Sportart verbinden. Die
Lösungen auf Seite 204 sind nur Beispiele.

Zeitpunkte	Sportarten
1.) el año pasado	jugar al fútbol
2.) ayer	jugar al tenis
3.) hace diez años	practicar el atletismo
4.) anteayer	ir a nadar
5.) el mes pasado	jugar al baloncesto
6.) hace un año	jugar al ajedrez

UNIDAD 10   EN EL RESTAURANTE

C   Diálogo 1   Mónica (M.), Jorge (J.), Carmen (C.), Roberto (R.)

J.: Antes de irnos queremos invitaros a cenar.	*Bevor wir abfahren, möchten wir euch gerne zum Essen einladen.*
M.: Sí, hemos visto un restaurante que parece que está bien: "El mesón de Pedro".	*Ja, wir haben ein Restaurant gesehen, das gut zu sein scheint: das "Mesón de Pedro".*
C.: Sí, lo conozco. Está muy bien.	*Ja, ich kenne es. Es ist sehr gut.*
R.: Pero sois nuestros invitados, de verdad no hace falta que ...	*Aber ihr seid unsere Gäste. Es ist wirklich nicht nötig, daß ...*
M.: Habéis sido todos tan encantadores con nosotros ... y de verdad que nos gustaría mucho invitaros a cenar esta noche a los cuatro.	*Ihr seid alle so lieb gewesen, und wir möchten euch vier heute abend wirklich gerne zum Essen einladen.*
R.: Bueno, si insistís ... Pero los niños no van a estar esta noche.	*Nun, wenn ihr darauf besteht ... Aber die Kinder werden heute abend nicht hier sein.*

C.: Es cierto. Daniel ha salido con sus amigos y Adela se queda a dormir en casa de su amiga María José.

Das stimmt. Daniel ist mit seinen Freunden ausgegangen, und Adela übernachtet heute bei ihrer Freundin María José.

M.: ¡Qué lástima!

Wie schade!

J.: Entonces vamos sólo los cuatro al "Mesón de Pedro", ¿os parece bien?

Dann werden nur wir vier zum "Mesón de Pedro" gehen, in Ordnung?

R.: Oh, sí, nos gusta mucho ir a ese restaurante.

Oh, ja, wir gehen gerne in dieses Restaurant.

C   Diálogo 2   Jorge (J.), Carmen (C.), Roberto (R.), alguien en el "Mesón de Pedro" (A.)

J.: ¿Puedo llamar desde aquí?

Darf ich von hier aus anrufen?

R.: Pues claro. Carmen, ¿dónde está la guía de teléfonos?

Aber natürlich. Carmen, wo ist das Telefonbuch?

C.: Creo que está sobre la mesa de la cocina. Voy a buscarla.

Ich glaube, das liegt auf dem Küchentisch. Ich hole es.

(Pausa.)

C.: Aquí tienes. ¿O quieres que llame yo?

Hier ist es. Oder soll ich anrufen?

J.: No, gracias. No es necesario.

Nein, danke. Das ist nicht nötig.

(Pausa.)

A.: "Mesón de Pedro", ¿dígame?

"Mesón de Pedro", ja, bitte?

J.: Quisiera reservar una mesa para cuatro personas, para esta noche.

Ich möchte einen Tisch für vier Personen für heute abend reservieren.

A.: Una mesa para cuatro personas. Un momento por favor ...

Einen Tisch für vier Personen. Einen Moment bitte ...

¿Para qué hora?	*Für wieviel Uhr?*
J.: Para las nueve y media.	*Für halb zehn.*
A.: Muy bien. ¿A nombre de quién?	*In Ordnung. Auf welchen Namen?*
J.: A nombre del señor Castro. C-A-S-T-R-O.	*Auf den Namen Castro. C-A-S-T-R-O.*
A.: De acuerdo, señor Castro. Ya lo he anotado.	*In Ordnung, Herr Castro. Ich habe es schon notiert.*
J.: Adiós.	*Auf Wiedersehen.*
A.: Adiós.	*Auf Wiedersehen.*

Um sich auf spanisch höflich auszudrücken, verwendet man Verben wie *wollen, können, dürfen, mögen,* usw. Neben den Grundformen wie *quiero, puedo, me gusta, debo, tengo que* sind vor allem die Vergangenheits- bzw. Konditional-, und Konjunktivformen von Bedeutung, wobei in aller Regel letztere die höflicheren Ausdrucksmöglichkeiten darstellen.

C   Ejercicio 1

Lassen Sie sich in der folgenden Übung einen Tisch reservieren, indem Sie jeweils die angegebene Personenzahl und die entsprechende Zeit berücksichtigen.

1.) 4, 21.30, esta noche.
2.) 3, 22.00, mañana.
3.) 2, 14.30, próximo domingo.

Ejemplo:

CAM: "Mesón Pedro", ¿dígame?
J.: Quisiera reservar una mesa para cuatro personas.
CAM: ¿Para qué hora?
J.: Para les nueve.
CAM.: Muy bien. ¿A qué nombre?
J.: A nombre del señor Castro. C-A-S-T-R-O.
CAM: De acuerdo señor Castro.

1.)
CAM: "Mesón Pedro", ¿dígame?
X.: ...
CAM.: ¿Para qué hora?
X.: ...
CAM.: Muy bien. ¿A qué nombre?
X.: ...
CAM.: De acuerdo señora Castro (señor López, señora Pons).

etc.

C   Diálogo 3   Mónica (M.), Jorge (J.), Carmen (C.),
Roberto (R.), camarera (CAM)

CAM.:	Buenas noches.	*Guten Abend.*
J.:	Buenas noches. Tenemos reservada una mesa para esta noche.	*Guten Abend. Wir haben einen Tisch für heute abend reserviert.*
CAM.:	¿A qué nombre?	*Auf welchen Namen?*
J.:	A nombre del señor Castro.	*Auf den Namen Castro.*
CAM.:	Ah, sí. Ha llamado usted esta mañana, una mesa para cuatro personas, ¿verdad?	*Ah, ja. Sie haben heute morgen angerufen, einen Tisch für vier Personen, nicht wahr?*

J.:	Sí.	Ja.
CAM.:	Aquella mesa, por favor.	Der Tisch dort drüben, bitte.
J.:	Gracias.	Danke.

(Pausa.)

J.:	¿Qué nos puede recomendar?	Was können Sie uns empfehlen?
CAM.:	Hoy tenemos un salmón y un besugo excepcionales.	Heute haben wir ausgezeichneten Lachs und Seebrasse.
C.:	Mm. Besugo, me gusta muchísimo.	Mm. Seebrasse esse ich sehr gerne.
J.:	Yo prefiero carne. El pescado no me gusta mucho.	Ich esse lieber Fleisch. Fisch mag ich nicht so gerne.
CAM.:	También tenemos un cordero delicioso.	Wir haben auch ein köstliches Milchlamm.
R.:	No sé. Voy a mirar en la carta.	Ich weiß nicht. Ich schaue mal in die Speisekarte.
J.:	De beber propongo vino rosado. ¿Qué os parece?	Zu trinken schlage ich Roséwein vor. Was meint ihr?
R.:	Muy bien.	Sehr gut.
C.:	Y agua mineral con gas, por favor.	Und Mineralwasser mit Kohlensäure, bitte.
J.:	Entonces tráiganos una botella de vino rosado y una de agua mineral con gas.	Also dann bringen Sie uns eine Flasche Rosé, und eine Flasche Mineralwasser.
CAM.:	Muy bien, señor.	In Ordnung.

(Pausa.)

CAM.:	¿Puedo tomarles nota ya?	Kann ich Ihre Bestellung schon aufnehmen?
M.:	Carmen, ¿qué quieres?	Carmen, was möchtest du?
C.:	Para mí, de entrada, jamón con melón, y luego el besugo al horno.	Für mich Schinken mit Melone, als Vorspeise, und danach die Seebrasse.

M.:	Para mí, de primer plato, sopa de mariscos y de segundo cordero asado.	*Für mich als Vorspeise Meeresfrüchtesuppe und als Hauptgang Lammbraten.*
R.:	Yo creo que voy a comer también la sopa de mariscos y de segundo salmón.	*Ich glaube, ich nehme auch die Suppe als Vorspeise und als Hauptgang den Lachs.*
J.:	Y para mí, gambas al ajillo y cordero asado.	*Und für mich Krevetten in Knoblauch und Lammbraten.*
CAM.:	Muy bien, ¿alguna cosa más?	*Sehr gut, sonst noch etwas?*
J.:	No, eso es todo por el momento.	*Nein, das ist alles im Moment.*

Die Formen des Verbs *"gustar"* (gerne mögen) lauten:

(a mí)	me gusta/n
(a ti)	te gusta/n
(a él, ella usted)	le gusta/n
(a nosotros)	nos gusta/n
(a vosotros)	os gusta/n
(a ellos, ellas, ustedes)	les gusta/n

B Ejercicio 2

Jeder Person ist im folgenden eine Speise oder ein Getränk zugeordnet; sagen Sie, ob die verschiedenen Personen die Speisen oder Getränke mögen oder nicht. Die Antworten auf Seite 205 sind nur Beispiele.

1.) Carmen, sopa de mariscos.

2.) Carlos, melón con jamón.

3.) Usted, calamares a la romana.

4.) Ustedes, solomillo de cerdo.

5.) Carlos y Roberto, flan.

6.) Vosotros, helado.

7.) Jorge, vinos españoles.

8.) Ana y Juan, paella.

C   Diálogo 4

Mónica (M.), Jorge (J.), Carmen (C.), Roberto (R.), camarera (CAM.)

CAM.:	¿Qué desean de postre?	*Was möchten Sie als Dessert?*
C.:	¿Nos podría traer la carta, por favor?	*Könnten Sie uns die Speisekarte bringen, bitte?*
CAM.:	Como no.	*Natürlich.*
(Pausa.)		
M.:	Yo voy a tomar un zumo de naranja.	*Ich werde einen Orangensaft nehmen.*
C.:	¿El flan es casero?	*Der Karamelpudding ist hausgemacht?*
CAM.:	Por supuesto señora.	*Selbstverständlich.*
C.:	Entonces flan para mí.	*Dann Karamelpudding für mich.*
J.:	Para mí también, pero con nata.	*Für mich auch, aber mit Sahne.*
R.:	A mí tráigame un café irlandés.	*Bringen Sie mir bitte einen Irish Coffee.*
(Pausa.)		

J.:	¿Me podría traer la cuenta, por favor?	*Könnten Sie mir bitte die Rechnung bringen?*
M.:	Estaba todo exquisito y el servicio ha sido excelente.	*Es war alles ausgezeichnet,und die Bedienung war sehr gut.*
C.:	Sí, todo fenomenal.	*Ja, wirklich gut.*
R.:	Bueno. Muchas gracias por la cena.	*Gut. Vielen Dank für das Essen.*
J.:	Por favor, gracias a vosotros por invitarnos a venir a España.	*Ich bitte dich, wir danken euch, daß ihr uns eingeladen habt, nach Spanien zu kommen.*
C.:	¿Y de verdad que tenéis que iros mañana?	*Und ihr müßt wirklich morgen fahren?*
M.:	Sí, porque queremos visitar también otros lugares.	*Ja, weil wir noch andere Orte besuchen wollen.*

C   Ejercicio 3

Sehen Sie sich die auf den Seiten 106 und 107 abgedruckte Speisekarte an, und beantworten Sie die Fragen des Restaurantpersonals, indem Sie in die Lücken sprechen. Bestellen Sie:

1.) Für sich und Ihre/n Begleiter/in *café irlandés.*

2.) *Paella* für zwei Personen

3.) *Una botella de vino tinto* und das preiswerteste Hauptgericht.

4.) Ein Dessert mit Schokolade und einmal Walnüsse mit Sahne.

5.) Eine Zwiebelsuppe und das teuerste Fischgericht.

6.) Ein Mineralwasser ohne Kohlensäure, eine Bouillon, das gebratene Spanferkel.

MESÓN DE PEDRO

ENTRADAS

Consomé	150
Jamón con melón	400
Sopa de mariscos	600
Sopa de cebolla	200
Entremeses	500
Paella	250

PESCADOS

Gambas al ajillo	900
Calamares a la romana	900
Merluza a la romana	1300
Salmón	1500
Besugo al horno	1600

CARNES

Chuletas a la parrilla	1300
Cochinillo asado	1100
Cordero asado	1100

MESÓN
DE PEDRO

Solomillo de cerdo..*800*
Cabrito asado...*1600*

POSTRES

Flan de la casa..*160*
Flan con nata..*200*
Zumo de naranja...*150*
Café irlandés..*150*
Helado..*150*
Fruta del tiempo...*100*
Nueces con nata...*500*

IVA. INCLUIDO

Ejemplo:

CAM.: ¿Puedo tomarle/s nota ya?

J.: Sí. Tráiganos una sopa de mariscos, gambas al ajillo y cochinillo para los dos.

CAM.: Muy bien, ¿alguna cosa más?

J.: No. Eso es todo por el momento.

1.)

CAM.: ¿Puede tomarle/s nota ya?

X.:   . . .

CAM.: ¿Alguna cosa más?

X.:   . . .

etc.

SABIA USTED QUE . . .

En España se come bastante más tarde que en Alemania. Además las comidas son "un poco" distintas. Los españoles comen a mediodía entre las 14.00 y las 15.00 de la tarde. Si usted va a un restaurante español a comer a las 12.30, es probable que sólo esté el cocinero. También se cena más tarde, normalmente a partir de las 21.00.

En un restaurante la costumbre es tomar tres platos, tanto para la comida como la cena. El primer plato puede ser un consomé, sopa, arroz o ensalada, por ejemplo. De segundo plato se toma carne o pescado. En España se come bastante más pescado que en Alemania. Tanto en la costa como en el centro se puede encontrar muy fresco. De postre se puede elegir entre fruta, helados, dulces, etc. Es costumbre dejar siempre una propina al camarero. En la cocina española se utiliza mucho el aceite, especialmente el de oliva. Los

---

platos de carne o pescado suelen tener una guarnición de patatas fritas, naturales, no congeladas, verdura o ensalada.

Si usted pide una botella de agua mineral van a servirle agua sin gas. Si quiere agua con gas debe decírselo al camarero. La bebida española por excelencia es el vino: no pierda la oportunidad de probar los vinos españoles. Son aconsejables tanto por su calidad, como por su variedad.

EN EL DENTISTA

C   Diálogo 1   Mónica (M.), Jorge (J.), Adela (A.), Roberto (R.)

M.: Jorge, deberíamos empezar a hacer las maletas porque tenemos que salir pronto.

Jorge, wir sollten anfangen zu packen, weil wir früh abfahren müssen.

J.: Ya sé, ¡pero es que tengo un dolor de muelas!

Ich weiß, aber (es ist nur), ich habe Zahnschmerzen!

M.: ¿Te duelen mucho?

Ist es sehr schlimm?

J.: Sí, bastante. Creo que es esta muela.

Ja, es tut ziemlich weh. Ich glaube, es ist dieser Zahn.

M.: Nosotros no tenemos pastillas contra el dolor, pero le voy a preguntar a Roberto.

Wir haben keine Schmerztabletten, aber ich werde Roberto fragen.

J.: Sí, es una buena idea.

Ja, das ist eine gute Idee.

(Pausa.)

M.: Roberto, perdona, a Jorge le duelen mucho las muelas. ¿Tienes pastillas contra el dolor?

Roberto, entschuldige, aber Jorge hat schlimme Zahnschmerzen. Hast du Schmerztabletten?

109

R.: Sí, voy a buscarlas.	*Ja, ich hole sie.*
A.: Si te duele mucho deberías ir a ver al Dr. Cordovilla, es nuestro dentista.	*Wenn du starke Schmerzen hast, solltest du Dr. Cordovilla aufsuchen, er ist unser Zahnarzt.*
J.: A lo mejor es suficiente con una pastilla.	*Vielleicht reicht eine Schmerztablette.*
A.: ¿Por qué, qué te pasa?	*Warum, was hast du?*
J.: Es esta muela. Creo que me la tienen que volver a empastar.	*Es ist dieser Zahn. Ich glaube, ich muß eine neue Füllung haben.*
R.: Aquí tienes las pastillas.	*Hier sind die Tabletten.*
A.: Pienso que deberías ir a ver al doctor Cordovilla.	*Ich meine, du solltest Doktor Cordovilla aufsuchen.*
R.: Sería mucho mejor.	*Das wäre viel besser.*
J.: Es que los dentistas me dan mucho miedo. Pero es igual, venga, vamos.	*(Es ist nur,) Ich habe erhebliche Angst vor Zahnärzten. Aber es ist egal, los, laß uns gehen.*

Mit den Hilfsverben *deber, poder, tener que* können Sie Empfehlungen und Verpflichtungen ausdrücken. *Deber* drückt dabei eine reine Empfehlung oder eine moralische Verpflichtung aus, *poder* eine Möglichkeit, eine Erlaubnis oder eine Fähigkeit, während *tener que* eine Notwendigkeit beschreibt. Um alles höflich auszudrücken, können Sie die Formen des Konditionals verwenden.

Konditional:

	-ía	
hablar	-ías	
comer +	-ía	Aber: tendría, podría
vivir	-íamos	
	-íais	
	-ían	

C   Ejercicio 1

Empfehlen Sie mit Hilfe von *deber*, den zur jeweiligen Krankheit passenden Arzt aufzusuchen.

1.) dolor de muelas	*Zahnschmerzen*
2.) dolor de barriga	*Bauchschmerzen*
3.) dolor de cabeza	*Kopfschmerzen*
4.) resfriado	*Erkältung*
5.) descomposición	*Durchfall*
6.) miopía	*Kurzsichtigkeit*
7.) problemas con el embarazo	*Schwangerschaftsprobleme*
8.) niño con sarampión	*Kind mit Masern*
9.) dolor de oidos	*Ohrenschmerzen*
10.) picores de piel	*juckende Haut*

dentista	*Zahnarzt*
ginecólogo	*Frauenarzt, Gynäkologe*
pediatra	*Kinderarzt*
oculista	*Augenarzt*
dermatólogo	*Hautarzt*
otorrinolaringólogo	*HNO-Arzt*
médico de familia o de cabecera	*praktischer Arzt*

Ejemplo:
¿Tienes dolor de muelas? Creo que deberías ir al dentista.

C   Diálogo 2   Dentista (D.), enfermera (E.), Jorge (J.)

D.: ¿Queda alguien todavía en la sala de espera?	Ist noch jemand im Warte-zimmer?
E.: Sí, creo que quedan todavía dos.	Ja, ich glaube, zwei sind noch da.
D.: De acuerdo. Qué pase el siguiente.	O.K. Der Nächste soll herein-kommen!
E.: ¡El siguiente, por favor!	Der Nächste, bitte.
J.: Soy yo.	Das bin ich.
E.: ¿Cómo se llama?	Wie heißen Sie?
J.: Castro.	Castro.
D.: Bueno, señor Castro, ¿qué le pasa?	Gut, Herr Castro, was haben Sie?
J.: Tengo un dolor de muelas terrible. Creo que es esta muela, en la mandíbula superior.	Ich habe furchtbare Zahn-schmerzen. Ich glaube, es ist dieser Backenzahn, im Ober-kiefer.
D.: Vamos a ver. Abra la boca, por favor.	Mal sehen. Machen Sie bitte den Mund auf.

C   Ejercicio 2

Geben Sie Empfehlungen mit *deber, poder, tener que,* je nachdem, wie Sie die Situation einschätzen. Ihre Antworten können dabei von den Lösungen auf der Kassette abweichen.

1.) Alguien roba el coche de su amigo. Jefatura de policía.

2.) El cortacésped de Roberto está estropeado. Llevarlo a arreglar.

3.) María tiene dolor de cabeza. Tomar una pastilla.

4.) Quieren hacer un viaje. Hacer las maletas.

5.) Son las once de la noche. Adela está todavía despierta.

C   Diálogo 3   Dentista (D.), enfermera (E.), Jorge (J.)

D.: El empaste de esta muela en la parte derecha de la mandíbula superior está en muy mal estado, . . . tiene caries en este colmillo . . . Bueno, los incisivos están bien . . . Pero debería empastarse dentro de poco esta muela de la mandíbula inferior . . .

Die Füllung in diesem Backenzahn Ihres rechten Oberkiefers ist in einem sehr schlechten Zustand, . . . Sie haben Karies im Eckzahn . . . Nun, Ihre Schneidezähne sind in Ordnung, . . . aber dieser Backenzahn im Unterkiefer sollte in Kürze gefüllt werden . . .

J.: Pero ahora estoy de vacaciones, así es que va a tener que esperar un poco.

Aber ich mache gerade Urlaub, also wird das noch ein bißchen warten müssen.

E.: Bueno, pero podríamos empastarle esta muela de nuevo y el colmillo.

Gut, aber wir könnten diesen Backenzahn und den Eckzahn füllen.

D.: Sí, eso es exactamente lo que voy a hacer.

Genau, das ist exakt das, was ich tun werde.

J.: Y tan pronto como regrese a Alemania vuelvo a ir al dentista.

Und ich gehe nochmal zum Zahnarzt, sobald ich wieder in Deutschland bin.

D.: Debería hacerlo. Y además debe usted limpiarse los dientes mejor y más a menudo.

Das sollten Sie tun. Und außerdem sollten Sie sich die Zähne besser und öfter putzen.

J.: ¿Por qué lo dice, doctor?

Warum sagen Sie das, Doktor?

D.: Porque así no tendría que ir tanto al dentista.

Weil Sie dann nicht so oft zum Zahnarzt gehen müßten.

113

Jorge **se** limpia los dientes. *Jorge putzt **sich** die Zähne.*
Verben, die im Spanischen reflexiv sind, sind es in der Regel auch im
Deutschen. Man verwendet dieselben Pronomen, die Sie schon in
Unidad 8 gelernt haben. Nur in der dritten Person Singular und Plural
verwendet man eine andere Form: **se.**

C Ejercicio 3

Setzen Sie das Verb in die richtige Form.

1.) ¿Cómo *llamarse* usted?

2.) Yo *ducharse* todas las mañanas.

3.) Los niños no *limpiarse* los dientes.

4.) Tú *despertarse* tarde.

5.) Mónica *irse* a la cama.

6.) Antes de comer Antonio *lavarse* las manos.

7.) Adela *peinarse* muy despacio.

8.) Usted *levantarse* a las ocho.

9.) Yo *irse* a casa.

10) Carmen *encontrarse* con Laura.

C Diálogo 4 Mónica (M.), Jorge (J.), Carmen (C.), Roberto (R.)

R.: ¿Qué tal tu muela, Jorge? ¿Te duele todavía?

Wie geht es deinem Zahn, Jorge? Tut er noch weh?

J.: Oh, no. Ya se me ha pasado.

Oh, nein. Es ist schon vorbei.

C.: ¿A dónde quéreis ir ahora?

Wohin wollt ihr jetzt fahren?

M.: Queremos ir a Valladolid.

Wir möchten nach Valladolid fahren.

J.: Ya deberíamos estar de camino. Muchísimas gracias por todo de nuevo. Han sido unos días maravillosos.

Und wir sollten schon unterwegs sein. Vielen, vielen Dank nochmal, es waren sehr schöne Tage bei euch.

M.: Gracias por invitarnos. Nos ha gustado todo muchísimo.

Danke, daß ihr uns eingeladen habt. Es hat uns alles sehr gut gefallen.

C.: Pasad por casa si queréis cuando hagáis el camino de regreso.

Kommt auf dem Rückweg nochmal vorbei, wenn ihr möchtet.

R.: Ha sido estupendo volver a veros. ¡Buen viaje!

Es war schön, euch wiederzusehen. Gute Reise.

J.: Ya sabéis que estáis invitados a ir a Alemania siempre que queráis.

Ihr wißt, daß ihr herzlich eingeladen seid, nach Deutschland zu kommen, wann immer ihr wollt.

C.: Nos gustaría mucho ir a visitaros. Hasta pronto.

Wir würden euch gerne besuchen. Bis bald.

M.: Adiós.

Tschüs.

J.: Hasta la próxima.

Bis zum nächsten Mal.

115

Wenn Sie sich verabschieden wollen, stehen Ihnen mehrere Formeln zur Verfügung. Generell können Sie bei allen Anlässen *adiós* oder auch *hasta la vista* sagen. Eine sehr lockere Formel ist *hasta luego*, die etwa dem deutschen "Tschüs" entspricht. *Hasta pronto* (bis bald), *hasta mañana* (bis Morgen) *hasta la semana que viene* = *hasta la semana próxima* (bis nächste Woche) sind auch gebräuchlich.

Bedanken können Sie sich mit folgenden Ausdrücken: neben *gracias*, *muchas* oder *muchísimas gracias*, stehen auch *le agradezco* (+Subst) *le agradezco que* (+Subj.), *le doy las gracias por* (+Subst. oder Inf.)

C   Ejercicio 4

Bedanken und verabschieden Sie sich in einer der Situation angemessenen Weise.

1.) Miguel le ha prestado un libro a su amigo. Este se lo devuelve.

2.) El señor Pérez le trae un programa de ordenador nuevo. Es un compañero de trabajo.

3.) Usted se despide de su amigo, después de haber estado viviendo una semana en su casa en España.

4.) Usted ha comprado un perfume muy caro. La dependienta se despide.

5.) Despues de la conferencia. El conferenciante agradece la invitación al organizador.

Ejemplo:
C.: Gracias por el café, Miguel.
M.: De nada.
C.: Hasta luego (pronto).
M.: Hasta luego (pronto).

1.)
C.: . . .
M.: De nada.
C.: . . .
M.: Hasta luego.
etc.

"SE ALQUILAN HABITACIONES" UNIDAD 12

C Diálogo 1 Mónica (M.), Jorge (J.)

M.: ¿Por qué carretera vamos?
Auf welcher Straße sind wir?

J.: Por la Nacional IV. Desde luego no es ningún atajo, pero no tenía ganas de ir por la autopista y pagar el peaje.
Auf der Nacional IV. Es ist zwar keine Abkürzung, aber ich hatte keine Lust, auf die Autobahn zu fahren und Gebühren zu bezahlen.

M.: Ya. Pero se ha hecho bastante tarde y estoy realmente cansada.
Ja. Aber es ist ziemlich spät geworden, und ich bin wirklich müde.

J.: ¿Qué hora es?
Wie spät ist es?

M.: Son las diez y media.
Es ist halb elf.

117

J.: Tienes razón. Vamos a buscar un sitio para dormir.

Du hast recht. Laß uns mal nach einer Übernachtungsmöglichkeit suchen.

M.: En el próximo pueblo paramos. Normalmente en estos pueblos siempre hay pequeñas pensiones.

Wir halten im nächsten Dorf. In diesen (kleinen) Dörfern gibt es normalerweise kleine Familienpensionen.

J.: De acuerdo. Al llegar, aparcamos en la Plaza Mayor y preguntamos a alguien.

O.K. Wenn wir ankommen, parken wir auf der Plaza Mayor und fragen jemanden.

M.: Y si no hay nadie por la calle preguntamos en el bar del pueblo.

Und falls wir niemanden finden, fragen wir in der Kneipe des Dorfes.

C Diálogo 2 Mónica (M.), Jorge (J.), dueña de la pensión (D)

J.: Mira, ahí hay un letrero: "Se alquilan habitaciones". Seguro que queda alguna libre, porque todavía tienen la luz encendida.

Schau, dort ist ein Schild: "Fremdenzimmer". Ich bin sicher, daß noch eins frei ist, weil sie das Licht noch anhaben.

M.: Vamos a preguntar si tienen una habitación libre para nosotros.

Laß uns fragen, ob sie ein Zimmer für uns frei haben.

(Pausa.)

D.: Buenas noches.

Guten Abend.

J, M.: Buenas noches.

Guten Abend.

M.: Perdone que la molestemos tan tarde, pero hemos visto su letrero y nos gustaría saber si le queda una habitación doble para esta noche.

Entschuldigen Sie, daß wir Sie so spät noch stören, aber wir sahen Ihr Schild und möchten gerne wissen, ob Sie noch ein Doppelzimmer für heute nacht haben.

118

D.: Una habitación doble sólo para una noche, sí, no es ningún problema. Entren, por favor, les voy a enseñar la habitación.

Ein Doppelzimmer für nur eine Nacht, ja, das ist kein Problem. Kommen Sie bitte herein, ich werde Ihnen das Zimmer zeigen.

M.: Es una habitación muy bonita. Parece bastante nueva.

Das ist ein hübsches Zimmer. Es sieht recht neu aus.

D.: Sí, la moqueta y el sofá son nuevos, la mesa y la cama son un poco más antiguas, pero la cama es comodísima.

Ja, der Teppich und das Sofa sind neu, der Tisch und das Bett sind ein bißchen älter, aber das Bett ist sehr bequem.

J.: Oh, muy bien.

Oh, sehr schön.

D.: Bueno, aquí tienen las llaves. El desayuno es entre las ocho y laz diez.

Gut, hier haben Sie die Schlüssel. Frühstück ist zwischen acht und zehn.

J.: ¿Cuánto vale la habitación?

Wieviel kostet das Zimmer?

D.: Son mil quinientas.

Es kostet 1500 Pesetas.

M.: ¿Por persona?

Pro Person?

D.: No, no. Es el precio de la habitación.

Nein, nein. Das ist der Preis pro Doppelzimmer.

J.: Bueno, entonces hasta mañana.

Gut, dann bis morgen.

D.: Hasta mañana.

Bis morgen.

Einige weitere unregelmäßige Verben:

PONER: (hinstellen)
Presente: pongo, pones, pone, ponemos, ponéis, ponen.
Pret. Ind.: puse, pusiste, puso, pusimos, pusisteis, pusieron.
COLGAR: (aufhängen)
Presente: cuelgo, cuelgas, cuelga, colgamos, colgáis, cuelgan.
Pret. Ind.: colgué, colgaste, colgó, colgamos, colgasteis, colgaron.

DORMIR: (schlafen)
Presente: duermo, duermes, duerme, dormimos, dormís, duermen.
Pret. Ind.: dormi dormiste, durmió, dormimos, dormisteis, durmieron.
VESTIRSE: (sich anziehen)
Presente: me visto, te vistes, se viste, nos vestimos, os vestís, se visten.
Pret. Ind.: me vestí, te vestiste, se vistió, nos vestimos, os vestisteis, se vistieron.
SEGUIR: (fortfahren)
Presente: sigo, sigues, sigue, seguimos, seguís, siguen.
Pret. Ind.: seguí, seguiste, siguió, seguimos, seguisteis, siguieron.

B   Ejercicio 1

Sehen Sie sich die Zeichnung auf Seite 121 an. Gestern hat Roberto sein Mobiliar umgeräumt. Beschreiben Sie, was Roberto wo hin gestellt bzw. was er gemacht hat. Die Lösungen stehen auf den Seiten 205-206.

1.) Las sillas / poner.

2.) Una lámpara / colgar.

3.) La nueva mesa redonda / meter.

4.) La mesa vieja / olvidar.

5.) fregadero / instalar.

6.) cómoda / colocar.

7.) armario / montar.

8.) sofá / llevar.

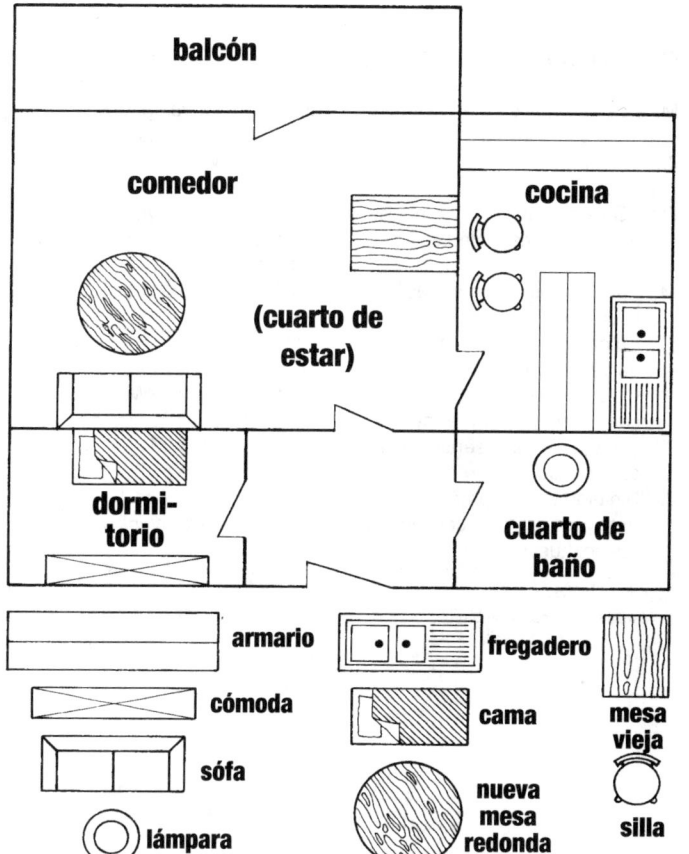

balcón

comedor

cocina

(cuarto de estar)

dormi-
torio

cuarto de
baño

armario

cómoda

sófa

lámpara

fregadero

cama

nueva
mesa
redonda

mesa
vieja

silla

C Diálogo 3 Jorge (J.), Mónica (M.), dueña de la pensión (D.)

M.: ¿Estás listo ya? Me apetece mucho desayunar.

Bist du schon fertig? Ich habe richtig Lust zu frühstücken.

J.: Sí, vamos.

Ja, gehen wir.

(Pausa.)

D.: ¿Quieren pan con mantequilla o prefieren magdalenas caseras?

Möchten Sie Brot mit Butter und Marmelade oder hausgemachte "Magdalenas"?*

M.: Para mí magdalenas. ¡Me encantan!

Für mich "Magdalenas". Ich mag sie sehr!

J.: Yo prefiero pan con mantequilla y mermelada.

Ich mag lieber Brot mit Butter und Marmelade.

M.: Café con leche fresca, pan con mantequilla y mermelada y magdalenas caseras. ¡Cómo a mí me gusta!

Kaffee mit frischer Milch, Brot mit Butter und Marmelade und hausgemachte "Magdalenas". Wie ich das mag!

J.: Sin embargo yo prefiero el desayuno alemán, con jamón, queso, huevo . . .

Ich mag aber lieber das deutsche Frühstück, mit Schinken, Käse, Ei, . . .

*) "Magdalenas" sind kleine Biscuit-Törtchen.

C   Ejercicio 2

Beantworten Sie die Fragen. Ihre Antworten können sich von den Musterantworten auf der Kassette unterscheiden.

1.) ¿Prefiere el desayuno español o el alemán?

2.) ¿Prefiere tomar té o café?

3.) ¿Qué le gusta más, el queso o el jamón?

4.) ¿Tienen suficientes magdalenas?

5.) ¿Le apetece un zumo de naranja?

6.) ¿Está todo a su gusto?

C   Diálogo 4   Mónica (M.), Jorge (J.), dueña de la pensión (D.)

M.: Queríamos pagar.	*Wir möchten bezahlen.*
D.: Sí, son mil quinientas pesetas.	*Ja, das macht 1500 Pesetas.*
M.: Aquí tiene.	*Hier, bitte sehr.*
D.: Gracias. ¿A dónde van ustedes ahora? ¿Van a visitar el pueblo?	*Danke. Wohin fahren Sie jetzt? Besuchen Sie das Dorf?*
J.: Sí, quizá. Y después queremos seguir hasta Valladolid.	*Ja, vielleicht. Und danach wollen wir nach Valladolid weiterfahren.*
D.: Ah, Valladolid. Entonces les aconsejo que pasen por Avila.	*Ah, Valladolid. Dann empfehle ich Ihnen, über Avila zu fahren.*
J.: ¿Cómo dice?	*Wie meinen Sie?*
D.: Es una ciudad maravillosa, con sus murallas. Está de camino a Valladolid. Merece la pena.	*Es ist eine wunderschöne Stadt, mit ihren Stadtmauern. Sie liegt auf dem Weg nach Valladolid. Es lohnt sich.*
M.: Nos lo vamos a pensar. Gracias por la indicación.	*Wir werden es uns überlegen. Vielen Dank für den Tip.*
D.: Les deseo buen viaje.	*Ich wünsche Ihnen eine gute Reise.*
M.: Gracias, adiós.	*Danke, auf Wiedersehen.*
D.: Adiós.	*Auf Wiedersehen.*

123

In diesem Kurs sind Ihnen schon Formen wie *tenía, quería,* etc. begegnet. Es handelt sich dabei um die Vergangenheitsformen des Pretérito Imperfecto. Die spanische Sprache verfügt über mehr Vergangenheitsformen als die deutsche. Im allgemeinen wird das Pretério Imperfecto gebraucht:

– Bei Beschreibungen:
   era un pueblo muy interesante
   (es war ein sehr interessantes Dorf).

– Zur Wiedergabe von Gewohnheiten, zur Wiederholung:
   siempre tomaba café
   (er trank immer Kaffee, er hat immer Kaffee getrunken).

– Für höfliche Anreden:
   queríamos pagar
   (wir möchten zahlen).

Das Imperfecto betont mehr den Ablauf, das Indefinido den abgeschlossenen Charakter der Handlung.

Sowohl Imperfecto wie Indefinido kann man im Deutschen mit dem Präteritum bzw. dem Perfekt wiedergeben.

Das **Imperfecto** wird gebildet:

Verben auf -AR	Verben auf -ER; -IR
-aba	-ía
-abas	-ías
-aba	-ía
-ábamos	-íamos
-abais	-íais
-aban	-ían

Es gibt nur drei unregelmäßige Verben: ser (era), ir (iba), ver (veía).

B Ejercicio 3

Was <u>haben</u> Sie gewöhnlich <u>gemacht</u>, als Sie in Spanien <u>waren</u>? Wie waren Ihre Bekannten? Hier einige Anregungen.
Die Lösungen stehen auf Seite 206.

1.) Tomo café en el bar Cervantes.

2.) Todas las mañanas voy a clase de español.

3.) Nos levantamos tarde.

4.) Por la tarde visito los monumentos.

5.) La profesora es muy divertida.

6.) Los compañeros son alemanes, holandeses y japoneses.

7.) Mi amigo John vive en una pensión.

SABIA USTED QUE . . .

El desayuno español es muy diferente del desayuno alemán. Los españoles practicamente no desayunan nada: un café con leche y unas galletas o magdalenas, o algo dulce. Pero muy poco en comparación con el desayuno alemán.
En España se suele tomar más café que té. Para el desayuno la proporción es tres cuartas partes de leche y una de café, más o menos. El café tiene un sabor más fuerte que el alemán. En una cafetería se puede tomar con leche, solo o cortado. El café solo es, como su nombre indica, sin leche y el cortado es con un poco de leche.
Cada zona del país tiene sus especialidades para tomar con el café. Pero en toda España se pueden comer "churros".
Los churros están fritos en aceite y se suelen tomar con chocolate. Es algo muy agradable, especialmente en los fríos días de invierno.

C   Diálogo 1   Mónica (M.), Jorge (J.)

J.: ¿Qué te parece? ¿Quieres que vayamos a Avila?
M.: Sí, creo que nos va a gustar mucho. Bueno ahora déjame conducir a
     mí, y después de visitar la ciudad sigues tú hasta Valladolid.
J.: De acuerdo. Entonces dejamos Valladolid para más tarde. A mí tam-
     bién me apetece mucho visitar Avila.

Wie Sie schon in Unidad 5 gelernt haben, können Sie mit *ir + a +
Infinitiv* die 'nahe' Zukunft ausdrücken.
Die 'einfache' Zukunftsform bilden Sie, indem Sie die folgenden
Endungen an den Infinitiv hängen:

-AR
-ER }   **é, ás, á, emos, éis, án.**
-IR

Die sogenannte 'nahe Zukunft' wird häufiger verwendet als die
'einfache' Zukunft.
Selbstverständlich gibt es auch hier unregelmäßige Formen:
tener = tendré, poder = podré, hacer = haré, etc.
Wie im Deutschen verwendet man das 'einfache' Futur auch, wenn
man nicht ganz sicher ist, bei Vermutungen, oder wenn man Zweifel
hat, z.B.: Wie spät wird es sein? = *¿Qué hora será?*

C   Ejercicio 1

Sie beschließen im Freundeskreis spontan, eine Fête zu veranstalten, zu der jeder etwas mitbringt. Sagen Sie zunächst, was Sie selbst mitbringen, und 'wiederholen' Sie dann mit Hilfe der Hinweise, was die einzelnen Personen sagen. Verwenden Sie dazu die Futurformen. Die Lösungen finden Sie auf der Kassette.

1.) Yo traigo cafe, té y leche.

2.) Tú consigues patatas fritas.

3.) María y Pedro compran cervezas.

4.) Marisa hace una tortilla.

5.) Miguel trae vino tinto.

C   Diálogo 2   Mónica (M.), Jorge (J.), hombre del tiempo (H.)

J.: Desde luego es digno de ver. El <u>panorama</u>   *Rundblick*
es magnífico.

M.: Sí, mira, desde aquí se ve toda la <u>muralla</u>. Es   *Stadtmauer*
impresionante.

J.: Sí, espero que Valladolid sea tan bonita como
Avila.

M.: Además, con el tiempo que hace
parece todavía más fantástico.

J.: Quizá debamos escuchar el
<u>parte meteorológico</u> en la radio, para   *Wetterbericht*
ver qué tiempo va a hacer.

M.: ¿Por qué non <u>encendemos</u> la radio?   *einschalten*
(Pausa.)

H.: El <u>pronóstico</u> del tiempo para hoy: *Vorhersage, Voraussage*
se esperan vientos que
<u>ocasionarán</u> <u>fuertes lluvias</u>, especial-   *verursachen; heftige Re-*
mente en las <u>zonas costeras</u> del   *genfälle; Küstengebiete*
norte de España. Las temperaturas
<u>rondarán</u> los 20° grados en el norte y   *um . . . herum sein*
en el centro de la Península y los 27°
en el sur. Durante la noche
<u>descenderán</u>, y así se esperan míni-   *fallen*
mas de 10° grados en el centro. Para
mañana se <u>prevé</u> una mejoría, con un   *voraussagen*
<u>tiempo soleado</u> en toda España. Las   *sonniges Wetter*
temperaturas estarán entre los 25
y los 30° grados.
El pronóstico para el fin de semana:
las temperaturas seguirán estables,
y el tiempo será soleado, salvo
<u>chaparrones</u> <u>repentinos</u> en algunas   *plötzliche Regengüsse*
zonas del noroeste de la Península.
J.: Bueno, es estupendo. Esta es una de
las cosas que me encantan de
España: su maravilloso clima.

Genau wie die Vergangenheit (vgl. Unidad 9) wird auch die Zukunft oft
zusätzlich durch Zeitbestimmungen kenntlich gemacht. Hierzu gehören z. B.: *esta noche, esta tarde, mañana, el próximo viernes, el fin de
semana que viene,* usw.

C   Ejercicio 2

Sehen und hören Sie sich den Wetterbericht genau an, und äußern Sie sich dann zu den angegebenen Stichpunkten. Geben Sie dabei immer die Zeitbestimmung mit an.

1.) Temperaturas esta tarde.

2.) Temperaturas mínimas durante la noche.

3.) ¿Llueve esta noche?

4.) ¿Llueve mañana?

5.) Las temperaturas de mañana.

6.) ¿Dónde lloverá durante el fin de semana?

C   Diálogo 3   Mónica (M.), Jorge (J.)

J.: Bueno, vamos a dar una vuelta y después atravesamos la muralla.

M.: Sí, causa mucha impresión ir con el coche a su lado.

(Pausa.)

J.: Vamos a intentar aparcar en esta plaza. Desde luego parece que la ciudad acaba de salir de la Edad Media. *gerade etwas . . . haben*
Mittelalter

M.: Sí, parece que estamos en otra época. ¿Has visto qué ancha es la muralla? *breit*

J.: Sí. Pero no es sólo por la muralla. Practicamente parece que no ha

129

pasado el tiempo por toda la ciudad.

M.: Sí, menos para el <u>tráfico</u>.   *Verkehr*

J.: Bueno aquí escriben sobre Avila:
"Ciudad <u>natal</u> de Santa Teresa,   *Geburts ...*
conserva sus viejas murallas medie-
vales en un perfecto estado".

M.: Sí, eso ya lo hemos visto.

J.: "Se trata de una impresionante
<u>fortificación</u> de época románica, arte   *Befestigung*
del que se conservan otros magnífi-
cos ejemplos, como la basílica de
San Vicente. Su catedral, <u>cister-</u>   *zisterziensisch*
<u>ciense</u>, está <u>empotrada</u> en las murallas".   *eingefügt*

M.: Creo que pronto nos tendremos
que comprar un libro de arte.

J.: Sí, es verdad.

B   Ejercicio 3

Entscheiden Sie, welche der Aussagen zu Dialog 3 zutreffend ist. Es ist jeweils nur eine Antwort richtig. Sie finden die Lösungen auf Seite 207.

1.) Primero van a dar una vuelta
   y después se van a Valladolid.
   y después van a entrar en la ciudad.
   y después van a tomar un bocadillo.

2.) Parece que la ciudad
   está muy industrializada.
   acaba de salir de un cuento.
   acaba de salir de otra época.

3.) "Ciudad natal de Santa Teresa
conserva el cuerpo de la santa".
conserva sus viejas casas medievales".
conserva sus viejas murallas medievales".

4.) "Su catedral está
empotrada en las murallas".
empotrada en la basílica".
empotrada en la plaza".

UN ACCIDENTE

C Diálogo 1   Mónica (M.), Jorge (J.), automovilista (A.),
                   camionero (C.)

M.: Bueno, hoy nos vamos tranquilamente
en coche hasta Valladolid.
J.: Sí, pero déjame conducir a mí.
M.: Si quieres . . ., pero <u>ten cuidado</u>,   *aufpassen*
conducir por carretera no es lo mismo
que por autopista.
J.: Bah . . ., ya sabes que soy un magnífico
conductor.
M.: Bueno, tú fuiste hasta Barajas y desde
entonces he llevado yo el coche la
mayor parte del tiempo. Vale, ahora
<u>te toca a tí</u>.   *dran sein*
(Pausa.)
M.: Oh, Jorge, ¿te encuentras bien?
J.: Sí, muy bien, ¿y tú?

M.: Sí, perfectamente. Salgamos del coche.

A.: Idiota, ¡por qué no mira por dónde va! ¡Conduzca por su <u>carril</u>!

Spur

J.: Eso es lo que estaba haciendo. ¡Pero usted ha <u>tomado la curva</u> a toda velocidad!

die Kurve nehmen

A.: Eso es ridículo. Usted iba por mitad de la <u>calzada</u> y sólo hay un carril en cada dirección. Pregunte a aquel <u>camionero</u>, tiene que haberlo visto todo.

Fahrbahn
LKW-Fahrer

M.: Sí, sí, vamos a preguntarle.

J.: Perdone, ¿Ha visto usted lo que ha pasado?

C.: Pues claro.

A.: Este <u>atontado</u> iba por mitad de la carretera.

Dummkopf

C.: Eso no es verdad. Pero usted conducía como si estuviera en las 24 horas de Le Mans. Este <u>caballero</u> iba por su derecha, pero usted ha <u>salido disparado de la curva</u> y se ha ido directamente hacia el otro coche.

Gentleman

um die Kurve ge-geschossen kommen

A.: ¡Qué <u>tontería</u>!

Blödsinn

C.: Sí mire, toda la parte delantera del coche está <u>destrozada</u>, el <u>capó</u> está <u>abollado</u>, la luz y el <u>intermitente</u> rotos y los <u>neumáticos dañados</u>.

zertrümmert; Motor-haube; verbogen; Licht; Blinker; Reifen beschädigt

A.: Si él no mira por dónde va . . .

C.: Bueno, ¿por qué no llamamos a la <u>guardía civil</u>? Creo que no hay ninguna duda, usted se ha metido directamente en el otro coche.

Polizei auf dem Land

A.: Bueno, . . . Pero, ¿hace falta que venga la
policía?

C.: Por supuesto. Está todo muy claro.

M.: Sí, creo que sí. Y además tenemos que
llamar a un <u>taller de reparaciones</u>, para que   *Werkstatt*
vengan a <u>remolcar</u> el coche.   *abschleppen*

C.: Tengo un <u>radiotransmisor</u> en mi camión.   *Funkgerät*
Voy a llamar al <u>servicio de carreteras</u>.   *Straßendienst*
¿Y qué hacemos con la policía?

J.: Bueno, eso depende, si nos da todos los
<u>datos</u> del <u>seguro</u> de su coche y <u>firma</u> un   *Daten; Versicherung*
papel diciendo que ha sido <u>culpa</u> suya,   *unterschreiben; Schuld*
creo que no hace falta que venga la
policía.

A.: Bueno, yo no he tenido la culpa,
. . . pero de todas formas le voy a dar
todos los datos del seguro.

M.: ¡Y nos firma un papel en el que diga que
ha sido culpa suya!

A.: Aj. ¡Déme un bolígrafo!

M.: Aquí tiene.

A.: ¿Le basta con esto?

M.: Sí, está bien.

C.: La gente del taller de reparaciones estará
aquí dentro de diez o quince minutos.
<u>Estén</u> ustedes <u>pendientes</u>, no se muevan   *aufmerksam sein*
de aquí.

M.: Sí eso vamos a hacer, y muchísimas
gracias.

C.: Ah, ya están aquí. Pero yo me tengo
que ir.

J.: Sí pero ya que ha sido usted tan amable,
¿nos podría escribir aquí su dirección?

UNIDAD 14

C.: Por supuesto. ¿Me deja su bolígrafo?
(Pausa.)
M.: Muchas gracias.
C.: Lo siento, pero me tengo que ir ya.
J.: Sí, claro. Ya <u>nos las arreglamos</u> nosotros.   *mit etwas fertig*
Muchos gracias y buen viaje.   *werden*
C.: Igualmente. Adiós.

C Ejercicio 1

So wie der Lastwagenfahrer den Unfall gesehen hat, haben Sie den Dialog gehört und gelesen, waren auch sozusagen *testigo*, Zeuge der Ereignisse. Versuchen Sie daher jetzt, <u>ohne</u> den Dialog nochmal zu lesen, die folgenden Sätze in die richtige Reihenfolge zu bringen. Die Lösungen befinden sich auf der Kassette.

– El conductor les da a Mónica y a Jorge los datos de su seguro.
– Iba por mitad de la carretera.
– El otro conductor no quiere que venga la policía.
– Otro coche sale muy deprisa de la curva.
– Por suerte no hay heridos.
– Esperan a que vengan a remolcarlos.
– Hoy conduce Jorge.
– El camionero tiene que irse.
– El otro conductor está furioso.
– El coche de los Castro tiene serios desperfectos.
– El camionero ha presenciado el accidente.
– De repente tienen un accidente.

Im Spanischen gibt es, genau wie im Deutschen auch, die Möglichkeit, jemanden aufzufordern, etwas zu tun oder zu unterlassen, ihm gewissermaßen etwas zu befehlen. Hierzu wird die Befehlsform des Verbs verwendet, häufig durch *por favor* abgemildert.

Die Befehlsform (**Imperativ**) bildet man wie folgt:

—AR	—ER	—IR
habl-**a**	com-**e**	viv-**e** (tú)
habl-**e**	com-**a**	viv-**a** (él, usted)
habl-**ad**	com-**ed**	viv-**id** (vosotros)
habl-**en**	com-**an**	viv-**an** (ellos, ustedes)

Achtung: Wird die Befehlsform negativ gebraucht, benutzt man das Presente de Subjuntivo. (Unidad 16)

C   Ejercicio 2

Übersetzen Sie die folgenden Aufforderungen. Die dritte Person können Sie in den Singular oder Plural übersetzen.

1.) Rufen Sie bitte die Polizei!

2.) Frag den Lastwagenfahrer!

3.) Unterschreiben Sie hier!

4.) Sprecht mit Jorge!

5.) Reparieren Sie bitte unser Auto!

6.) Bringen Sie mir bitte einen Orangensaft!

7.) Gib mir bitte etwas zu schreiben!

8.) Schau mal!

EL CASTILLO DE SIMANCAS

C Diálogo 1 Mónica (M.), Jorge (J.)

M.: No pensábamos venir en autobús, pero
me alegro de estar aquí.

J.: Sí, es verdad. Bueno, esto es el pueblo,
vamos a ver el castillo.

M.: ¿Crees que está lejos?

J.: No, mira, está ahí mismo.

M.: Es un castillo muy antiguo, ¿verdad?

J.: Sí, me parece que era una
<u>fortaleza conquistada</u> a los   *Festung; erobern,*
<u>musulmanes</u> en el siglo X.   *Moslems*

M.: Pero ¿cómo es que estaban aquí los
musulmanes?

J.: ¿No sabías que los árabes estuvieron en
España durante ocho siglos?

M.: <u>Ni idea</u>. Explícame un poco de la historia   *keine Ahnung*
de España.

J.: Bueno, los árabes o <u>moros</u>, como tam-   *negatives Wort für*
bién se les llama, conquistaron la   *Moslems*
Península Ibérica en poco tiempo y llega-
ron hasta el sur de Francia.

M.: ¡Qué interesante!

J.: La <u>Reconquista</u> empezó en Asturias,   *Rückeroberung*
con Don Pelayo, pero duró ocho siglos.
Durante este tiempo moros y cristianos
<u>lucharon</u> y <u>convivieron</u>.   *kämpfen; zusammen-*
    leben

M.: Ya, claro, me lo puedo imaginar: la época
de los <u>caballeros</u>, con sus <u>armaduras</u> y   *hier: Ritter; Ritterrüstung*
sus <u>espadas</u> tan pesadas.   *Schwert*

J.: En 1492 los Reyes Católicos, Isabel y
Fernando, reconquistaron la última ciudad:
Granada.

M.: Quizá vayamos allí la próxima vez, ¿verdad?

J.: Quizá. Bueno, vamos a entrar.

M.: Sigue contándome cosas.

J.: En primer lugar, la palabra castillo viene
del latín "castrum" y "castellum", y nos
da una idea del origen de estas construc-   *Ursprung*
ciones. El de Simancas es famoso no
sólo porque sirvió de residencia real, como
muchos otros, sino porque la lista de
cautivos ilustres de este castillo es bastante *Gefangener*
grande.

M.: ¿Quién estuvo aquí prisionero?   *Gefangener*

J.: El Obispo de Acuña, por ejemplo. Ya sé
que no sabes quién fue, pero te lo voy a
explicar. Este obispo ayudó a los   *Bischof*
comuneros a levantarse contra el empe-   *Anhänger der aufrühre-*
rador Carlos V.   *rischen Comunidades*
    de Castilla unter Karl V

M.: ¿Por qué?

J.: Porque Carlos I de España y V de Alemania, era para muchos un rey extranjero,
que no hablaba el idioma y gobernaba
desde el extranjero. Tras la derrota de
los comuneros hicieron prisionero al
obispo y más tarde lo ajusticiaron.   *hinrichten*

M.: ¿También aquí?

J.: Sí. Y esta historia y otras muchas más
están escritas en libros y documentos
que se conservan también aquí.
Por eso es tan importante. Su archivo   *Archiv*

137

tiene la más valiosa colección de documentos políticos de la España moderna.
M.: Ahora ya entiendo por qué querías venir.

B Ejercicio 1

Lösen Sie die beiden Kreuzworträtsel. Die Lösungen ergeben zwei Namen,
die Sie in dieser Unidad schon gehört haben. Die Lösungen finden Sie auf
den Seiten 207-208.

Crucigrama 1

1.) Nombre de un famoso emperador.
2.) ¿De dónde eran los comuneros?
3.) Pueblo que vivió en España ocho siglos.
4.) Lugar dónde empezó la reconquista.
5.) Lucha contra los árabes en España.
6.) Nombre de la reina Católica.
7.) Nombre de un famoso cantante español.
8.) Nombre de los árabes.

X	X	X	X	X	X	X						X	X	X	X
X	X	X	X	X	X										
X	X	X	X											X	X
X	X	X	X	X								X	X	X	X
								X	X	X	X	X	X	X	X
X	X					X	X	X	X	X	X	X	X	X	X
X	X	X	X	X				X	X	X	X	X	X	X	X
X	X	X	X	X	X			X	X	X	X	X	X	X	X

Crucigrama 2

1.) Arma del caballero.
2.) Sinónimo de prisionero.
3.) Capital de España.
4.) Ultima ciudad reconquistada.
5.) Sinónimo de rey.
6.) El que luchaba contra el musulmán.
7.) Nombre del Rey Católico.
8.) Cien años son un . . .

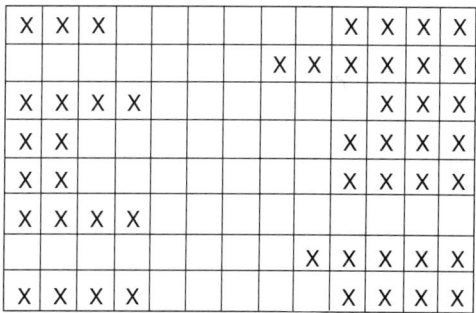

EN EL BANCO

B **Diálogo 1** Mónica (M.), Jorge (J.)

M.: Todos los bancos que encontramos
parecen estar cerrados.

J.: Sí. Pero espero que encontremos
alguno abierto. No pueden cerrar
todos el sábado.

M.: Yo estoy segurísima de que tiene que
haber alguno abierto. <u>Lamento</u>   *bedauern*
que tengamos que buscar tanto tiempo.

J.: Sí, desde luego no he estado nunca
tanto tiempo buscando un banco. Me
parece que no va a haber ninguno
abierto.

M.: Tienen que haber cambiado los
<u>horarios</u>. Pero no pueden estar todos   *Öffnungszeiten*
cerrados.

J.: Me alegro de que podamos pagar en
muchos sitios con la <u>tarjeta de crédito</u>.   *Kreditkarte*
Pero mira, ahí hay otro. ¡Vamos a
intentarlo de nuevo!

Wenn Sie mit Verben wie *siento que . . ., me alegro de que . . ., lamento
que . . .,* eine emotionale Reaktion ausdrücken möchten, müssen sie
dafür den **Subjuntivo** verwenden. Dessen Präsens bilden Sie folgendermaßen:

-AR: -e, -es, -es, emos, -éis, en.
-ER, -IR: -a, -as, -a, -amos, -áis, -an.

B   Ejercicio 1

Drücken Sie Ihre persönlichen Emotionen zu den folgenden Ereignissen aus. Verwenden Sie für die ersten drei *me alegro de que*, *siento que* für die nächsten drei und *lamento que* für die letzten. Die Lösungen finden Sie auf Seite 208.

1.) El banco está abierto.

2.) El taller de reparaciones cierra los domingos.

3.) El camionero nos ayuda.

4.) Julia no tiene muchos libros.

5.) Roberto no puede venir a Avila.

6.) Jorge tiene dolor de muelas.

7.) El castillo está cerrado.

8.) Mónica no escribe postales.

9.) Jorge y Mónica no se quedan en casa de sus amigos.

C   Diálogo 2   Jorge (J.), empleado del banco (E.)

J.:   Buenos días.

E.:   Buenos días, ¿qué desea?

J.:   ¿Tienen ustedes abierto?

E.:   Sí, por supuesto.

J.:   Es que hemos visto que la mayor parte
      de los bancos están cerrados.

E.:   Sí, la mayor parte ha cerrado por las
      fiestas. Seguramente somos el único
      banco que ha abierto hoy.

J.: Creo que sí. Quería cambiar estos
    <u>cheques de viaje</u>.   *Reiseschecks*

E.: Son cinco cheques de 100 DM. ¿Me
    puede dejar su pasaporte?

J.: Aquí tiene. ¿A cómo está el <u>cambio</u>?   *Wechsel*

E.: El marco alemán está a 60 pesetas. Son
    en total 30.000 ptas. ¿Cómo lo quiere?

J.: ¿Cuánto me ha dicho que era en total?

E.: 30.000 pesetas.

J.: Entonces déme un billete de diez mil,
    tres de cinco y cinco de mil.

E.: 10, 15, 20, 25, 26, 27, 28, 29 y 30.000
    pesetas.

J.: También quería cambiar 200 marcos
    en pesetas.

E.: Sí, muy bien. Son 12.000 pesetas.

J.: Démelo en billetes de mil, por favor.

E.: Por supuesto.

J.: Muchas gracias. Adiós.

E.: Adiós.

C   Ejercicio 2

Lesen Sie zunächst den Beispieldialog, und lösen Sie dann die folgenden
Aufgaben.

1.) Wechseln Sie DM 600,- in Pesetas (3 de 10.000 y 6 de 1.000).

2.) Heben Sie 20.000 Pesetas. von Ihrem Sparbuch/-konto ab
    (sacar dinero de la cuenta [3 de 5.000 y 5 de 1.000]).

3.) Lösen Sie drei Reiseschecks à DM 100 in Landeswährung ein
    (1 de 10.000, 1 de 5.000 y 3 de 1.000).

Ejemplo:

X.: Buenos días.
E.: Buenos días, ¿Qué desea?
X.: Quería cambiar 200 marcos en pesetas.
E.: Son 12.000 pesetas. ¿Cómo lo quiere?
X.: En 1 billete de 10.000 y 2 de 1.000.
E.: 10, 11 y 12.000 pesetas.
X.: Muchas gracias. Adiós.
E.: Adiós.

1.)

X.: . . .
E.: Buenos días, ¿Qué desea?
X.: . . .
E.: Son 36.000 pesetas. ¿Cómo lo quiere?
X.: . . .
E.: 10, 20, 30, 31, 32, 33, 34, 35 y 36.000 pesetas.
X.: . . .
E.: Adiós.

etc.

EN EL TREN

C Diálogo 1 Mónica (M.), Jorge (J.)

J.: Bueno, ya tenemos el dinero. ¿Qué te
   han dicho en el taller de reparaciones?
M.: Me han dicho que van a llevar el coche
   a Salamanca, tan pronto como esté listo,
   y que lo podemos recoger allí.
J.: Oh, eso es una buena noticia. Bien,
   sólo nos hacen falta los billetes de tren
   para Salamanca.

Die Präpositionen »**por**« und »**para**« können im Deutschen *für*
bedeuten. »**Por**« verwendet man für Ursache, Beweggrund,
Tausch, Preisangabe, und »**para**« für Zweck, Bestimmung, per-
sönliche Ansicht.

Ejemplos:

Compro el libro para ti. (Ich kaufe das Buch für dich.)
Compro el libro por ti. (Ich kaufe das Buch deinetwegen.)

B   Ejercicio 1

Übersetzen Sie die folgenden Sätze. Die Lösungen finden Sie auf Seite 209.

1.) Diese Postkarte ist für dich.

2.) Deinetwegen bin ich nach Madrid gefahren.

3.) Sie lernen Spanisch, um durch Spanien fahren zu können.

4.) Sie wollen nicht ausgehen, wegen des Regens.

5.) Alles ist sehr interessant für mich.

6.) Monica hat Blumen (flores) für Carmen gekauft.

7) Er verkauft das Auto für 100.000 Pesetas.

C   Diálogo 2   Mónica (M.), empleado (E.)

M.: Buenos días.

E.: Buenos días. ¿Qué deseaba?

M.: ¿Me podría decir cuándo sale el próximo tren para Salamanca?

E.: ¿A Salamanca? El próximo tren sale a las 12.35. Pasa por Medina del Campo y llega a Salamanca a las 14.05.

M.: ¿Cuánto valen los billetes?

E.: ¿De ida, o de ida y vuelta?

M.: Sólo de ida.

E.: Son 765 pesetas.

M.: Muy bien. Entonces déme dos billetes de ida para Salamanca.

E.: Son 1530 pesetas en total.

(Pausa.)

   Aquí tiene la vuelta, 40, 50 y 50 hacen 600 pesetas.

M.: Gracias, adiós.

C   Ejercicio 2

Stellen Sie Fragen anhand der folgenden Informationen. Auf der Kassette hören Sie zu Ihrer Kontrolle jeweils die korrekte Frage, Sie erhalten aber darüber hinaus auch immer die dazugehörige Antwort. Erfragen Sie:

1.) -den nächsten Zug nach Madrid.

2.) -an welchem Bahnhof der Zug ankommt.

3.) -wann er in Madrid ankommt.

4.) -wieviel eine Hin- und Rückfahrkarte kostet.

5.) -ob Sie dann vier Karten bekommen können.

C   Diálogo 3   Mónica (M.), Jorge (J.), pasajero (P.)

M.: Tengo muchísima <u>hambre</u>.   *Hunger*

J.: Bueno, no hemos comido nada desde esta mañana y ya es hora de comer. Vamos al <u>coche-restaurante</u>.   *Speisewagen*

(Pausa.)

J.: Perdone, ¿<u>están ocupados estos asientos</u>?   *sind diese Plätze besetzt*

P.: No, no, pueden sentarse, si quieren.

M.: ¿Viaja usted también a Salamanca?

P.: No, voy a casa, a Medina del Campo. Yo soy de allí. Y ustedes, ¿de dónde son?

J.: Yo soy de Cuenca, pero vivo en Alemania. Y mi mujer es de Huesca.

P.: ¿Tienen <u>parientes</u> en España, o están de vacaciones?

Verwandte

M.: Estamos de vacaciones. Pero hemos tenido un accidente y por eso tenemos que ir ahora en tren a Salamanca. Por cierto, me llamo Mónica y mi marido Jorge.

P.: Yo soy Juan. Si vive en Alemania, ¿trabaja usted para una <u>empresa química</u>?

Chemie-Firma

J.: Bueno, <u>antes sí</u>. Pero ahora trabajo en un banco, y mi mujer es <u>programadora</u>. ¿Y usted?

früher ja

Programmiererin

P.: Soy <u>abogado</u>. Ahora regreso de vacaciones. He estado en San Sebastián visitando a mi <u>hermano</u> y a su familia.

Rechtsanwalt

Bruder

M.: ¿Tiene más hermanos o <u>hermanas</u>?

Schwester

P.: Tengo otra hermana, pero vive cerca de Barcelona.

J.: ¿Y no es más práctico para usted ir en coche?

P.: Quizá, pero no me gusta conducir y el viaje en tren es más cómodo.

C   Ejercicio 3

Jorge und Monica lernen auf ihrer Zugfahrt nach Salamanca Juan kennen. In dieser Übung lernen auch Sie <u>drei</u> Mitreisende kennen und befragen sie zu ihrer Person. Stellen Sie sich immer zunächst mit Ihrem Vornamen vor, fragen Sie dann nach:

Namen / Wohnort / Kindern / Beruf

Ejemplo:

M.: Me llamo Mónica, ¿y usted?
J.: Yo me llamo Juan.
M.: ¿De dónde es?
J.: Soy de Medina del Campo.
M.: ¿Tiene hijos?
J.: No, no tengo.
M.: ¿Cuál es su profesión?
J.: Soy abogado.

UNIDAD 18   **VISITANDO SALAMANCA**

C   Diálogo 1   Mónica (M.), Jorge (J.)

M.: ¡Figúrate!, nuestro hotel está   *Stell dir mal vor!*
al lado de la Plaza Mayor de la
ciudad.
J.: Y, ¿Qué pasa?
M.: Oh, nada, es que he leído en este
<u>folleto</u> sobre Salamanca que la   *Broschüre*
Plaza Mayor es el centro de la vida
<u>salmantina</u>.   *aus Salamanca*

J.: ¡Qué bien! Me alegro mucho de
que vivamos en un sitio tan central,
y además en una <u>zona peatonal</u>.

Fußgängerzone

M.: Sí, es estupendo, y así podemos
visitar la ciudad a pie. Además como
todavía no nos han traido el coche...

J.: Me parece muy bien. ¿Por dónde
quieres que empecemos, por la
Universidad, por la catedral...?

M.: No. Vamos a empezar visitando la
Plaza Mayor, por supuesto.

J.: Tienes razón. Me parece una buena
idea.

Anders als es im gesprochenen Deutsch oft üblich ist, wird das
Pretérito Perfecto im Spanischen nur dann benutzt, wenn man über
Handlungen spricht, die zwar in der Vergangenheit geschehen sind,
die jedoch noch einen starken Bezug zur Gegenwart haben. Das
Geschehen liegt noch nicht weit zurück oder reicht sogar bis in die
Gegenwart hinein.
Gebildet wird das Pretérito Perfecto mit den Formen von haber und
dem Partizip.
Haber: he, has, ha, hemos, habéis, han.
Partizip: -AR: -ado (hablado); -ER, -IR: -ido (comido, vivido)
Ejemplo: he leido el folleto.

149

C   Ejercicio 1

Fügen Sie die zugehörigen Satzteile zusammen:

1.) Daniel ...
2.) Mónica y Jorge ...
3.) Toledo ...
4.) Carmen y Roberto ...
5.) En Salamanca ...
6.) El guía ...
7.) Simancas ...

... ha conservado muchos documentos históricos.
... ha estado en El Escorial muchas veces.
... han estado viviendo en casa de sus amigos.
... ha explicado hoy la catedral.
... han invitado a sus amigos.
... les ha gustado mucho.
... ha habido siempre muchos estudiantes.

C   Diálogo 2   Mónica (M.), Jorge (J.)

M.: Bueno, ya estamos aquí. Sólo
   hemos necesitado cinco minutos
   para llegar.

J.: Sí. Pero esta plaza es una
   <u>maravilla</u>. Creo que es la más   *Wunder*
   bonita que he visto en mi vida.

M.: Es verdad. ¿Por qué no nos sentamos
   a tomar un café en una de estas
   <u>terrazas</u>?   *Terrassen*

J.: Me parece muy bien, porque así
podemos contemplarla con calma.
(Pausa.)

J.: El color <u>dorado</u> de la <u>piedra</u> se   *golden; Stein*
<u>acentúa</u> con el <u>intenso</u> azul del   *betonen; intensiv*
cielo.

M.: ¿Dónde está el <u>ayuntamiento</u>?   *Rathaus*

J.: Es la <u>fachada</u> principal que está   *Fassade*
a nuestra izquierda. Pero se empezó
construir por la parte este que
tenemos allí enfrente, por el
Pabellón Real.

M.: En mi folleto dice que el arquitecto
de este Pabellón Real fue Alberto
Churriguera. También dice que
<u>se han celebrado</u> aquí   *stattfinden*
<u>corridas de toros</u>, y que antes   *Stierkämpfe*
pasaban los coches.

J.: ¡<u>Menos mal</u> que ya no!   *Gott sei Dank!*

M.: Y además lo que me gusta también
es que está llena de gente: los
niños jugando en el centro, las
madres tomando un café en la
terraza, los <u>ancianos</u> paseando, y   *alte Männer*
además hay muchísima gente joven.

J.: Claro. Recuerda que Salamanca ha
sido desde hace mucho tiempo una
ciudad esencialmente universitaria.

M.: Es verdad, además tiene tres
universidades.

J.: Sí. Pero las vamos a visitar después,
¿de acuerdo?

151

Das Pretérito Perfecto wird häufig von Zeitbestimmungen begleitet, die sich auf jüngst erfolgte Handlungen beziehen. Hierzu gehören z. B. *recientemente, hoy, esta semana, últimamente, todavía no, este año*. Auch *hace ... que, hace, desde* werden oft im Zusammenhang mit dem Perfecto verwendet. *Hace ... que* und *hace* beziehen sich dabei auf einen Zeitraum, z. B. *hace tres años* (seit drei Jahren im Sinne von: drei Jahre lang) und *desde* bezieht sich auf einen Zeitpunkt, z. B. *desde el miércoles* (seit Mittwoch).

C   Ejercicio 2

Bilden Sie Sätze im Perfecto, und kontrollieren Sie Ihre Antworten mit Hilfe der Kassette:

1.) Jorge y Mónica pasan sus vacaciones en España.

2.) Están un día en Avila.

3.) Mónica lee un folleto.

4.) Esta mañana llegan a Salamanca.

5.) Ultimamente conocen a mucha gente.

6.) Comen algo en el coche-restaurante.

7.) Recientemente tienen un accidente.

8.) Todavía no arreglan el coche.

C   Diálogo 3   Mónica (M.), Jorge (J.)

J.: Bueno, ahora te toca a tí;
a partir de ahora tienes que leer   *ab jetzt*
lo que pone en tu folleto.

M.: Sí, escucha: aquí dice que esta
Universidad es la más antigua de
toda España. La fundó el rey   *gründen*
Alfonso IX en 1218.

J.: Pero esta fachada no es de esta
época, ¿verdad?

M.: No, es del siglo XVI. Es una de
las mejores obras del plateresco   *Werke*
español.   *platereskes Stil*

J.: ¿Plateresco? ¿Tiene algo que ver
con la plata?   *Silber*

M.: Sí. Es un estilo muy español. Se
llama así porque la decoración de   *Verzierung*
los edificios es tan delicada y   *hier: fein*
minuciosa que se parece a la que   *minuziös, ausführlich*
hacían los orfebres o   *Gold- bzw. Silber-*
plateros.   *schmied; Silberschmied*

J.: Sí, si te fijas puedes encontrar
muchos detalles.   *Einzelheiten*

M.: Y, según dice mi folleto, debemos
encontrar una rana en la fachada.   *Frosch*

J.: ¿Una rana?

M.: Sí. Según la leyenda aquel   *Legende*
estudiante que encuentre la rana
en la decoración aprobará los
exámenes.

153

J.:	Bueno yo no soy estudiante, pero voy a <u>intentar</u>lo. Pero me tienes que ayudar.	*versuchen*
M.:	Está en la parte derecha.	
J.:	No la veo, ¿y tú?	
M.:	Sí, mira está en la última <u>columna</u> de la derecha, sobre una <u>calavera</u>.	*Säule* *Totenkopf*
J.:	Ah, sí, ahora la veo. ¡Seguro que nos va a dar <u>suerte</u>!	*Glück*
M.:	¡Qué <u>supersticioso</u> eres!	*abergläubisch*

B   Ejercicio 3

Entscheiden Sie, welche der abgedruckten Aussagen zu den Dialogen dieser Unidad zutreffend sind. Es ist jeweils nur eine Antwort richtig. Sie finden die Lösungen auf den Seiten 209-210.

1.) La Plaza Mayor de Salamanca es
... una de las más antiguas de España.
... una de las más bonitas de España.
... una de las más pequeñas de España.

2.) En la Plaza se han celebrado

... partidos de fútbol.
... carreras de coches.
... corridas de toros.

3.) El rey Alfonso IX fue

... el fundador de la Universidad.
... el primer estudiante de la Universidad.
... el arquitecto de la Universidad.

4.) El estilo plateresco se llama asi porque

... utiliza mucha plata.
... se parece al trabajo de los plateros.
... lo hacen los plateros.

5.) La rana de la Universidad es famosa porque

... según Alfonso IX da suerte a los estudiantes.
... según la leyenda es de plata.
... según la leyenda da suerte a los estudiantes.

CORREOS Y TELÉFONOS   UNIDAD 19

B Diálogo 1   Mónica (M.), Jorge (J.)

M.: Jorge, no te olvides de llamar al
taller de reparaciones y de
<u>confirmar</u> cuándo podemos ir a   *bestätigen (lassen)*
<u>recoger</u> el coche.   *abholen*
J.: Sí. Quiero llamar desde esa
oficina de Correos.
M.: Oh, estupendo. Entonces quiero
que me compres <u>sellos</u> para   *Briefmarken*
mandar las cartas y las postales.
J.: ¿Cuántos sellos necesitas?
M.: Cinco para las cartas y quizá diez
para las postales.
J.: Vale. Pero es necesario que me
dé prisa, porque van a cerrar.

155

C Diálogo 2   Jorge (J.), funcionario de la oficina de Correos (F.)

J.: Buenas tardes. Quería cinco sellos
de 45 ptas. ¿Y cuánto vale enviar
una postal a Alemania?

F.: Lo mismo: 45 ptas.

J.: Entonces quiero que me dé diez
sellos más de 45. Tiene alguna
<u>emisión especial</u>?   *Sonderausgabe*

F.: Sí, es posible. Voy a mirar.

(Pausa.)

F.: Sí, aquí tiene. En total son
675 ptas.

J.: Por cierto, ¿podría llamar desde
aqui?

F.: No señor. Esto es Correos. Si
quiere llamar tiene que hacerlo
desdo una <u>cabina telefónica</u>.   *Telefonzelle*
Pero al salir de aquí, a la derecha,
hay dos.

J.. Muchas gracias.

F.: De nada. Adiós.

In Unidad 16 haben Sie bereits den **Subjuntivo** kennengelernt. Er
wird auch benutzt, um Willensäußerungen auszudrücken, z. B. Wünsche, Verbote, Bitten, Erlaubnisse, Ratschläge, Notwendigkeiten.
Dafür verwenden Sie u.a. *quiero que ...*, *te prohibo que ...*, *te pido que
...*, *te permito que ...*, *te aconsejo que ...*, usw.
Ejemplo: *quiero que escribas las postales, te prohibo que vengas, le
pido que lo haga, nos permite que escribamos las cartas, me
aconseja que aprenda español.*

Einige dieser Ausdrücke haben Sie im Laufe des Kurses schon gehört oder gelesen.

Hier die Präsensformen des Subjuntivo von einigen unregelmäßigen Verben:

tener=tenga, hacer=haga, poder=pueda, ser=sea, querer=quiera, decir=diga, ir=vaya.

C Ejercicio 1

Setzen Sie *querer que, pedir que, aconsejar que* in die folgenden Sätze ein. Benutzen Sie jedes Verb jeweils in drei Sätzen. Überprüfen Sie Ihre Antworten mit Hilfe der Kassette.

Ejemplo: Aprendes español. Quiero que aprendas español.

1.) Estudias medicina.

2.) Compras sellos.

3.) Vamos a Salamanca.

4.) Me acompañas al dentista.

5.) Me comprendes.

6.) Empezamos visitando la Plaza Mayor.

7.) Lees el folleto.

8.) Tomas besugo al horno.

9.) Llamas al taller de reparaciones.

C   Diálogo 3   Jorge (J.), Ricardo Durán (R.)

J.: Perdone, ¿me podría cambiar esta
   moneda de cincuenta?

R.: Creo que sí. ¿Pero quiere el <u>cambio</u>   *hier: Wechselgeld*
   para llamar por teléfono?

J.: Sí, ¿por qué me lo pregunta?

R.: Porque el <u>dinero suelto</u> no le va   *Kleingeld*
   a servir para llamar por teléfono, ya
   que la única cabina que no <u>está</u>   *ist kaputt*
   <u>estropeada</u> funciona sólo con
   <u>tarjeta</u>.   *Karte*

J.: ¡<u>Qué fastidio</u>! No tengo tarjeta,   *So ein Ärger*
   y es tan tarde que ya no puedo
   comprarla en ninguna parte.

R.: Bueno, puedo <u>prestar</u>le la mía.   *ausleihen*
   Ahora no me hace falta, porque
   tengo que llamar dentro de diez
   minutos.

J.: Oh, eso sería muy amable de
   su parte.

C   Diálogo 4   Jorge (J.), Ricardo Durán (R.)

J.: (Leyendo) <u>Descuelgue el auricular</u>, ya   *den Hörer abnehmen*
   está; <u>introduzca</u> la tarjeta; espere a oir   *einstecken*
   la <u>señal de llamada</u>; <u>marque</u> su   *Wählton; wählen*
   número y los <u>pasos</u> se   *Einheiten*
   <u>descontarán</u> tan pronto como se   *abziehen*
   establezca la <u>conexión</u>.

(Pausa.)

Bueno, pues no <u>oigo</u> ninguna   *hören*
señal. Otra vez. Descuelgue el
auricular, introduzca la tarjeta,
espere a oir la señal de llamada,
..., pero no <u>recibo</u> ninguna señal.   *hier: empfangen*

R.: Perdone, pero así no va a funcionar.
Tiene que introducir la tarjeta por
la otra parte.
J.: Oh, ya veo. Claro, así es imposible
que me dé la señal.
R.: Sí, pruebe usted al revés.
J.: Gracias.

C   Ejercicio 2

Bringen Sie die folgenden Sätze in die richtige Reihenfolge, und kontrollieren Sie Ihre Antwort mit Hilfe der Kassette. Verwenden Sie dazu – eins nach dem anderen – die folgenden Wörter, mit denen man Reihenfolgen angeben kann: Primeramente, en segundo lugar, en tercer lugar, más tarde, posteriormente, finalmente.

Espere a oir la señal de llamada.
Cuelge el auricular y retire la tarjeta.
Descuelgue el auricular.
Marque su número.
Introduzca la tarjeta.
Los pasos se descontarán tan pronto como se establezca la conexión.

C Diálogo 5 Jorge (J.), mecánico (M.)

M.: ¿Diga?

J.: ¿Oiga? ¿Es el taller de reparaciones
"Vasco de Gama"?

M.: Sí, ¿qué quería?

J.: Mire, soy Jorge Castro. Quería saber
si tenían mi coche listo ya.

M.: Lo siento mucho, pero todavía estamos arreglándolo. Creo que estará
listo mañana.

J.: ¿Mañana?

M.: Sí, no se preocupe, mañana por la
mañana.

J.: Bueno, entonces ¿a qué hora puedo
pasar a recogerlo?

M.: Sobre las diez, más o menos.

J.: ¿Me puede dar su dirección?

M.: Sí. Es la calle Vasco de Gama . . .

*Sprechen Sie. (Rede-
wendung beim
Telefonieren.)
Hören Sie.
(Redewendung beim
Telefonieren.)*

B Diálogo 6 Mónica (M.), Jorge (J.)

J.: Aquí tienes los sellos.

M.: Gracias. ¿Y qué te han dicho los del
taller?

J.: Dicen que tendrán el coche para
mañana.

M.: ¿Para mañana? ¿Y a qué hora?

J.: Podemos ir a recogerlo sobre las diez.

M.: Ah, bueno, eso está muy bien.

J.: Sí. Por cierto, ¿sabías que en España Correos y Teléfonos son dos <u>entidades</u> distintas?

hier: Unternehmen, Firma

M.: No, no lo sabía.

J.: No he podido llamar desde Correos, sino desde una de las cabinas que estaban al lado. Pero no ha sido nada fácil.

M.: ¿Por qué?

J.: Porque la única que no estaba estropeada, funcionaba con tarjeta.

M.: Pero tú no tienes tarjeta.

J.: Claro, pero <u>por suerte</u> un señor que estaba allí me ha prestado la suya. Y al final no ha querido que le diera el dinero.

glücklicherweise

M.: ¿Que no ha querido el dinero?

J.: No. Bueno sus palabras exactas han sido: "Si <u>insiste</u> en <u>devolverme</u> el dinero, es mejor que lo dé para una "<u>causa benéfica</u>".

auf etwas bestehen; zurückgeben wohltätiger Zweck

M.: Vaya, ¡qué amable!

Beim Telefonieren gibt es einige typische Redewendungen, die Ihnen nützlich sein können: Sagen Sie ¡Diga! statt Ihres Namens, wenn Sie ein Telefonat entgegennehmen und den Hörer abheben, und ¡Oiga!, wenn Sie jemanden anrufen und zu sprechen beginnen.

Andere Redewendungen: Prefijo (Vorwahl), llamar a alguien (por teléfono), telefonear a alguien (jdn. anrufen, telefonieren), me puede poner con ... (verbinden Sie mich bitte mit ...), dejarle dicho a alguien que vuelva a llamar (jd. möchte zurückrufen), conferencia (Fernge-spräch), está comunicando (es ist besetzt), una llamada a cobro revertido (ein R-Gespräch), dejar un mensaje (eine Nachricht hinter-lassen), contestador automático (Anrufbeantworter).

C   Ejercicio 3

Lösen Sie die folgenden Telefonaufgaben, indem Sie jeweils die Rolle des Anrufenden übernehmen. Bemühen Sie sich, passend zu reagieren. Die Lösungen auf der Kassette sind nur Beispiele.

1.) (Señora Iribar.) Rufen Sie die "Taller de reparaciones Pepe" an, fragen Sie, ob Ihr Wagen schon repariert wurde. Wenn nicht, fragen Sie, wann er fertig sein wird, wenn ja, fragen Sie, wann Sie ihn abholen können, und vereinbaren Sie einen Termin, um ihn abzuholen.

M.: ¿Diga?
X.: . . .
M.: Sí, ¿qué quería?
X.: . . .
M.: Sí, estará listo esta tarde.
X.: . . .
M.: Puede pasar sobre las cinco.
X.: . . .
M.: Adiós.

2.) (Señor Martí.) Rufen Sie Herrn Antón im seinem Büro an, und falls er nicht erreichbar ist, bitten Sie um seinen Rückruf. Ihre Telefonnummer lautet 23 56 89.

S.: ¿Dígame?

X.: . . .

S.: Sí, ¿qué quería?

X.: . . .

S.: Lo lamento, pero el señor Antón no está en estos momentos. ¿Quiere dejarle algún mensaje?

X.: . . .

S.: Adiós.

3.) (Señora Sánchez.) Rufen Sie Ihren Friseur an (peluquería "Flequillo"). Vereinbaren Sie einen Termin (pedir hora) für nächsten Mittwoch um 11.30 Uhr.

P.: ¿Dígame?

X.: . . .

P.: Sí, ¿qué quería?

X.: . . .

P.: Muy bien, ¿qué hora?

X.: . . .

P.: De acuerdo señora . . . Hasta el miércoles.

X.: . . .

SABIA USTED QUE . . .

Como ya ha dicho Jorge, en España no es lo mismo Correos que Teléfonos. Son dos entidades distintas. Las cabinas telefónicas funcionan con monedas de 5, 25, 50 y 100 pesetas o con tarjeta. Además existen locutorios telefónicos desde donde también se puede llamar. Muchos de ellos son privados, por lo que hay pagar un recargo. Si llama a otra ciudad debe marcar el prefijo correspondiente; todos empiezan por 9. Si quiere llamar al extranjero deberá marcar primero 07 y después esperar a recibir la señal para marcar el número de teléfono deseado. Los españoles no dicen su nombre al descolgar el teléfono.

En las oficinas de Correos podrá comprar sellos, mandar telegramas, enviar un giro postal (Postanweisung), etc., pero no podrá sacar dinero de su "Postsparbuch" alemán. Para ello deberá dirigirse a la Caja Postal.

En España existen unas tiendas llamadas estancos, en las que se puede comprar tabaco, sellos, etc., todo ello sin recargo.

UNIDAD 20   EN EL BAR

C   Diálogo 1   Mónica (M.), Jorge (J.), Elena (E.), Ricardo (R.), camarero (C.)

J.: Vamos a entrar en este bar, "Bambú", <u>tiene muy buen aspecto</u>.   *sehr gut aussehen*

M.: Sí, vamos.

J.: ¿Qué quieres tomar?

M.: Un buen vino tinto. ¿Y tú?

J.: Yo voy a tomar una <u>caña</u>. Tengo mucha   *Glas Bier vom Faß* <u>sed</u>. ¿Qué quieres de <u>pincho</u>?   *Durst; Häppchen, Imbiß*

M.: Primero tengo que ver qué tienen. *(Pausa.)*

C.: ¿Qué quieren tomar?

J.: Pónganos un vino tinto y una cerveza.

C.: ¿Quieren alguna <u>tapa</u>?

M.: Yo quiero una <u>croqueta</u>.   *Krokette*

J.: Para mí también. Oh, mira quién
    está allí.

M.: ¿Quién? No conozco a nadie.

J.: Es el señor del que te he hablado, el
    que me ha dejado su tarjeta para
    llamar. Hola, ¿Cómo está? Esta es
    Mónica, mi mujer, y este es el
    señor eh . . ., oh, perdone, no sé cómo
    se llama.

R.: Soy Ricardo Durán y esta es mi <u>novia</u>,   *Freundin*
    Elena Gómez.

M.: Hola, ¿qué tal?

E.: Encantada.

J.: Yo soy Jorge Castro. Bueno, ¿qué
    quieren tomar?

E.: Un <u>mosto</u>.   *Most*

J.: ¿Y usted?

R.: No, nada, gracias.

J.: Venga, tóme algo con nosotros.
    Déjeme que le invite.

R.: Vale. Entonces un vino tinto también.
    Pero creo que es mejor que nos
    <u>tuteemos</u>.   *duzen*

J.: Me parece muy bien, Ricardo.

E.: ¿Qué os parece si nos sentamos?

R.: Me parece que va a ser un poco
    difícil, porque el "Bambú" siempre
    está lleno de gente <u>a cualquier hora</u>.   *jederzeit*
    Es un bar muy famoso en Salamanca.

J.: Sí, ya lo veo. ¿Sois de aquí?

R.: Sí. Trabajamos en el hospital.

M.: ¿Sois médicos?

E.: Sí, ¿Y vosotros de dónde sois?

M.: Yo soy de Huesca y Jorge de Cuenca.
Vivimos en Colonia y ahora estamos
de vacaciones.

E.: Mira, ahí viene Jorge con nuestras
bebidas.

J.: Bueno, he pedido croquetas para
todos y una <u>ración</u> de buen jamón.   *Portion*
¿Dónde está Ricardo?

M.: Está hablando con esa gente de allí.
Parece que se van. A lo mejor podemos sentarnos.

E.: Sí, mira, nos está haciendo una señal
para que vayamos hacia allí.

Adjektive, mit denen man bestimmte Eigenschaften von Personen
oder Dingen benennen kann, sind Ihnen schon vertraut. Sie stehen in
der Regel hinter dem Substantiv.

Einige Adjektive, wie *bueno, malo...,* werden jedoch dem Substantiv
vorangestellt. *Bueno, malo, ninguno, alguno, primero, tercero* verlieren dabei im Maskulinum Singular die Endung o. Ejemplo: *Roberto
es un buen amigo.*

Auch *grande* kann vorangestellt werden. Dabei verliert es nicht nur die
Endung -de *(Ejemplo: Es un gran mujer),* sondern erfährt auch eine
Änderung der Bedeutung: Vorangestellt bezieht es sich mehr auf die
Qualität, nachgestellt eher auf die Quantität des Gegenstandes. *Un
gran hombre* bedeutet, daß der Mann ein guter Mensch ist, *un hombre
grande* hingegen bezieht sich auf die Körpergröße.

166

B   Ejercicio 1

Setzen Sie die Adjektive in der richtigen Form in die Lücken ein. Vergleichen Sie anschließend Ihre Antworten mit den Lösungen auf der Seite 210.

1.) Jorge no encuentra . . . banco abierto. (ninguno)

2.) Salamanca no es una ciudad muy . . . (grande)

3.) Hoy hace muy . . . tiempo. (bueno)

4.) ¿Tienes . . . moneda suelta para llamar por teléfono? (alguno)

5.) Es nuestro . . . viaje a España. (primero)

6.) Roberto y Carmen viven en una . . . casa. (grande)

7.) ¿Tienes . . . libro en español? (alguno)

8.) No, no tengo . . . (ninguno)

B   Diálogo 2   Mónica (M.), Jorge (J.), Elena (E.), Ricardo (R.)

R.: Para mí es totalmente <u>inimaginable</u>   *unvorstellbar*
que haya vida en el <u>espacio</u>.   *hier: Weltraum*

J.: Sí, pero es muy difícil explicar entonces
algunos <u>fenómenos</u> como esos dibu-   *Phänomene*
jos <u>circulares</u> en los <u>campos de</u>   *kreisförmig; Getreide-*
<u>cereales</u> . . .   *felder*

R.: Sí, ya he oído hablar de ello, pero
creo que se deben más a fenómenos
<u>atmosféricos</u>.   *atmosphärisch*

M.: Pero el <u>rayo</u>, el <u>trueno</u> o el <u>granizo</u> no   *Blitz; Donner; Hagel*
caen normalmente en círculos.

167

J.: Bueno. Creo que los <u>agricultores</u> nos   *Bauern*
quisieron <u>tomar el pelo</u> o quizá   *auf den Arm nehmen*
tienen algo que ver las <u>ondas</u>   *Radiowellen*
<u>radioeléctricas</u>, no sé.

R.: Sí, pero yo trabajo habitualmente con
aparatos de <u>rayos X</u> y ...   *Röntgenstrahlen*

E.: Oye, perdonad, pero creo que quieren
cerrar. ¿Queréis tomar otra cosa?
Esta <u>ronda</u> me toca a mí.   *Runde*

M.: Yo quiero otro <u>tinto</u>.   *Rotwein*

E.: ¿Jorge?

J.: Un mosto, por favor.

R.: Para mí otro tinto también.

E.: Y calamares para todos, ¿os parece
bien?

M.: Perfecto.

R.: Antes de iros tenéis que darnos
vuestra dirección.

J.: Sí, es una buena idea. Vamos a hacerlo
ahora mismo. Mónica, ¿tienes un boli
y un papel?

Mit den Adverbien kann man Verben, Adjektive, andere Adverbien
oder einen ganzen Satz eindeutiger definieren. Adverbien werden in
der Regel gebildet, indem man die Endung -mente an das Femininum
des Adjektivs anhängt. Ejemplo: *lentamente, correctamente,* usw.

B   Ejercicio 2

Setzen Sie das Adverb auf -mente ein. Die Lösungen finden Sie auf Seite 211.

1.) Jorge tiene que llamar ... esta mañana. (urgente)

2.) Pero ... puede hacerlo, porque no tiene dinero suelto. (difícil)

3.) ... el coche estará listo mañana. (afortunado = glücklich)

4.) Los mecánicos trabajan ... (excelente = ausgezeichnet)

5.) Mónica y Jorge toman ... algo en un bar. (tranquilo)

6.) El "Bambú" está ... lleno de gente. (completo)

C   Ejercicio 3

Die Lösungen zu dieser Übung finden Sie auf der Kassette. Bestellen Sie:

1.) Ein Bier vom Faß.

2.) Einen Rotwein, einen Weißwein, ein Mineralwasser.

3.) Eine Cola und einen Milchkaffee.

4.) Zwei Most und einen Roséwein.

5.) Ein Mineralwasser mit Kohlensäure.

SABIA USTED QUE ...

Una de las características de la vida social española es que ésta se desarrolla la mayor parte del tiempo en la calle, y no en casa, como en Alemania. La gente se encuentra en los bares, en los cafés, en los restaurantes. Quizá sea debido al clima.

Los españoles tienen la costumbre de ir a tomar un aperitivo antes de la comida y de la cena. En los bares en España se sirven además de las bebidas, pequeñas porciones de comida: los pinchos o tapas. En algunas regiones de España está incluido en la bebida, en otras hay que pagarlo aparte. Pero en toda España podrá acompañar su vino o cerveza con un pincho de tortilla, o aceitunas, o calamares, o ... La lista es muy larga y la fama del bar depende a veces de la calidad de la tapa. También le extrañará ver que el suelo en estos bares puede estar lleno de servilletas sucias. Es una costumbre española y es además una buena señal, porque indica que el bar es famoso y que siempre hay mucha gente.

En general, la vida nocturna en España es muy intensa, y, especialmente en verano, los pubs y discotecas permanecen abiertos hasta altas horas de la madrugada.

RESERVANDO UN HOTEL

C Diálogo 1 Mónica (M.), Jorge (J.)

M.: Quiero reservar un hotel en Madrid, *ein Hotel buchen,*
antes de que nos vayamos. *reservieren*
J.: ¿A quién quieres llamar?
M.: Voy a llamar a la oficina de turismo
en Madrid, para ver si nos pueden
aconsejar un buen hotel. *empfehlen*
J.: Es una buena idea. Mientras tanto
yo voy a acabar de meter todas las
cosas en el coche.

C Diálogo 2 Mónica (M.), recepcionista (R.)

R.: Hotel 'Emperador', ¿dígame?
M.: ¿Oiga? Mire, en la oficina de turismo
me han dado su número de teléfono
y me gustaría saber si tienen una
habitación libre para tres noches, a
partir de hoy.
R.: ¿Para tres noches?
M.: Sí.
R.: ¿Una habitación doble o individual? *Doppel- oder Einzel-*
M.: Una habitación doble, por favor. *zimmer*
(Pausa.)
R.: Lo siento, pero para tres noches sólo
nos queda una individual; tenemos *übrigbleiben*
una doble, pero solamente para dos
noches.

171

M.: ¿Y cuánto cuesta?

R.: Son 8.000 pesetas.

M.: ¿Por persona?

R.: No, por habitación.   *hier: Badezimmer mit*

M.: ¿Con <u>baño</u>?   *Badewanne*

R.: Sí, además la habitación <u>dispone de</u>   *zur Verfügung haben*
    <u>aire acondicionado</u>, <u>televisor en</u>   *Klimaanlage; Farb-*
    <u>color</u> y mini-bar.   *fernseher*

M.: ¿Está <u>incluido</u> el desayuno en el   *eingeschlossen*
    precio?

R.: Sí, el desayuno y el <u>IVA</u>.   *Mehrwertsteuer*

M.: De acuerdo.

R.: ¿A qué nombre reservo la
    habitación?

M.: A nombre de la señora Ferrán.

R.: ¿Me puede repetir el nombre, por
    favor?

M.: Mónica Ferrán.

R.: ¿A qué hora van a llegar al hotel?

M.: No lo sabemos todavía con
    <u>exactitud</u>, pero seguramente por la   *Genauigkeit*
    tarde.

R.: De acuerdo señora Ferrán, muchas
    gracias.

M.: Adiós.

R.: Adiós.

C   Ejercicio 1

Buchen Sie ein Hotelzimmer. Versuchen Sie dabei jeweils, die Ihnen vorgegebenen Wünsche zu realisieren und folgende Strukturen zu wiederholen bzw. zu verwenden: quería reservar, preferir, si es posible. Ihre Lösungen können sich von den Beispielen auf der Kassette unterscheiden.

1.) Una habitación individual, dos noches, para el próximo martes, señor Pérez.

2.) Una habitación doble, una noche, mañana, señora García.

3.) Una habitación individual, cuatro noches, del 11 al 15 de junio, no más cara de 8.500 ptas., señor Iglesias.

Ejemplo:
R.: Hotel 'Emperador', ¿dígame?
X.: Quería reservar una habitación para el próximo 5 de junio.
R.: ¿Para cuántas noches?
X.: Para una noche solamente.
R.: ¿Desea una habitación doble o individual?
X.: Individual, si es posible.
R.: Sí, no es ningún problema.
X.: ¿Me podría decir cuánto cuesta por favor?
R.: Son 7.300 ptas. con el IVA incluido.
X.: De acuerdo.
R.: ¿A qué nombre reservo la habitación?
X.: A nombre de la señora Ferrán.

1.)

R.: Hotel 'Emperador', ¿dígame?
X.: ...
R.: ¿Para cuántas noches?
X.: ...
R.: ¿Desea una habitación doble o individual?
X.: ...
R.: Sí, no es ningún problema.
X.: ...
R.: Son 7.300 ptas. con el IVA incluido.
X.: ...
R.: ¿A qué nombre reservo la habitación?
X.: ...

etc.

C   Diálogo 3   Mónica (M.), Jorge (J.)

J.: Ah, ya estás aquí. El coche está listo.
M.: Y el hotel ya está reservado. Pero desgraciadamente sólo para dos noches. Bueno, es que no tenía ganas de pasarme más tiempo llamando por teléfono, y en el hotel que nos ha recomendado la oficina de turismo no tenían una habitación doble para tres noches, sólo una individual.
J.: Bueno, no pasa nada. Podemos encontrar otro hotel para el último día.

B   Ejercicio 2

Stellen Sie Vergleiche zwischen den beiden Hotels im Hinblick auf die links angegebenen Kategorien bzw. Einrichtungen an. In einigen Fällen werden Ihnen rechts Adjektive vorgeschlagen, die Sie benutzen können. Denken

174

Sie daran, den Komparativ für Unterschiede zu verwenden und bei Gleichheit die Struktur tan/tanto ... como.
Schreiben Sie die Sätze erst auf, bevor Sie sie mit den Lösungen auf den Seiten 211-212 vergleichen.

	El Regio	**El Gran Hotel**	Adj.
habitación	24 dobles	5 dobles + 10 individuales	grande/ pequeño
servicio	--	+++	bueno/malo
cafetería	dos	--	
recepcionista	cortés	descortés	
precio	7.500-10.000	4.000-6.500	caro/barato
cama	confortable	confortable	
cuarto de baño	***	**	limpio/sucio
TV	en color	en blanco y negro	nuevo/ viejo

UNA VISITA A LA CAPITAL: DE COMPRAS POR MADRID

C   Diálogo 1   Mónica (M.), Jorge (J.)

J.: ¿Por dónde empezamos hoy?
     ¿Quieres que visitemos primero
     la ciudad, o prefieres ir directamente
     de compras?

M.: Mmm, el cielo está azul, <u>hace sol</u>,   *die Sonne scheint*
     así que yo creo que es mejor
     que empecemos visitando la ciudad.

J.: ¿Quieres ver alguna cosa en
     especial?

M.: Sí, me gustaría visitar el famoso
     Museo del Prado, aunque también
     lo podemos hacer mañana.

J.: ¿Y hoy?, ¿qué hacemos hoy?

M.: Pues ..., podemos ir hasta el
     Palacio Real y desde allí damos
     un paseo. Nunca he estado de
     turista en Madrid.

J.: ¿Y quieres hacerlo hoy?

M.: ¡Por qué no! Después podemos
     pasar por la Puerta del Sol, el famoso
     <u>kilómetro cero</u>, y desde allí seguir   *der sogenannte 'Null*
     por la calle de Alcalá hasta el Parque   *Kilometer' in Madrid*
     del Retiro. De paso, podemos ver los
     <u>edificios</u> históricos que hay   *Gebäude*
     <u>por el camino</u>, y la Cibeles, ah, y por la   *unterwegs*
     Puerta de Alcalá.

J.: ¿Qué?

176

M.: Y en el Retiro podemos alquilar
una <u>barca</u>.

Boot

J.: ¿Estás <u>loca</u>?

verrückt

M.: ¿Por qué? ... Estas hecho un <u>vago</u>,
¿eh?

faul

J.: Sí, claro, pero de todas maneras
estamos de vacaciones y después
de dar ese paseo voy a <u>estar hecho</u>
<u>polvo</u>.

fertig sein (in der
Umgangssprache)

M.: Venga, ¿o prefieres que vayamos
en taxi?

J.: No es eso. Pero seguro que has
estado en la Puerta del Sol, y que
has visto la Almudena, y ...

M.: Claro que sí. Pero si visitamos la
ciudad, visitamos la ciudad.

J.: ¿Y después quieres ir de compras?

M.. Bueno, ya veremos. Si quieres, yo
voy de compras y tú me puedes
esperar sentado en una terraza.

C   Ejercicio 1

Für die folgenden Sätze werden Ihnen immer drei Möglichkeiten angeboten,
diese Lücken mit der richtigen Zeitform des Verbs zu füllen. Wählen Sie die
Ihrer Meinung nach richtige Möglichkeit aus, und überprüfen Sie Ihre
Antworten mit Hilfe der Kassette.

1.) Mónica y Jorge ... mañana el Museo del Prado.
visitaron / visitaban / visitarán.

2.) El fin de semana pasado ... en Toledo y visitaron la catedral.
están, estuvieron, estaban.

3.) Esta mañana ... en el hotel.
desayunaba, desayunaron, han desayunado.

4.) Ahora ... por Madrid.
quieren pasear, quisieron pasear, han querido pasear.

5.) Después ... una barca en el Retiro.
han alquilado, alquilaban, van a alquilar.

C   Diálogo 2   Mónica (M.), Jorge (J.)

M.: Uff, ¡cómo me duelen los pies! Tengo que comprar unos <u>zapatos</u> nuevos.	*Schuhe*
J.: ¡No te pueden <u>hacer tanto daño</u> de dar un <u>paseito</u>! Je, je.	*weh tun* *kleiner Spaziergang*
M.: Bueno, <u>a fin de cuentas</u> sólo vamos a estar dos días en Madrid.	*schließlich*
J.: Eso era lo que te quería decir esta mañana. Si vienes a Madrid, tienes que <u>decidir</u> primero qué es lo que quieres ver. Bien, y ahora que ya hemos visto el Palacio Real y la Puerta de Alcalá sabes lo que quieres, ¿verdad?	*entscheiden*
M.: ¡Sentarme!	
J.: ¿Sí, ¿en el Parque del Retiro?	
M.: De acuerdo. ¿O, qué te parece si comemos primero y <u>descansamos</u> un poco? Y después alquilamos una barca. Y luego, cuando no me duelan los pies, podemos ir	*sich erholen*

de compras.

J.. ¿A comprar zapatos, por ejemplo?
Me parece una buena idea.

B Ejercicio 2

Auch von den folgenden Vorschlägen zum Füllen der Lücken ist immer nur
einer richtig. In dieser Übung beziehen sich die Lücken allerdings auf die verschiedensten grammatischen Bereiche, die Sie im Laufe des Kurses kennengelernt haben. Wählen Sie die Ihrer Meinung nach richtige Möglichkeit
aus, und vergleichen Sie Ihre Antworten mit den Lösungen auf Seite 212.

1.) ... el viaje es muy interesante.
por Mónica, para Mónica, de Mónica.

2.) Jorge ... llamar al taller de reparaciones.
tendrá que, tenga que, tuvo que.

3.) Mónica ... un hotel sólo para dos noches.
consiguió, consegió, conseguirá.

4.) Jorge no se alegra de que Mónica ... ir de compras.
quiere, quería, quiera.

5.) En Madrid ... muchos museos.
hay, están.

6.) Pero ... no visitan el Museo del Prado.
ayer, mañana, hoy.

7.) Mónica está ...
mucho cansada, cansadísima, cansado.

8.) Jorge está ... cansado ... Mónica.
tan ... como, tanta ... como, tanto ... como.

B Diálogo 3 Mónica (M.), Jorge (J.)

J.: Bueno, si queremos comprar zapatos,
entonces tenemos que ir a las
<u>tiendas</u> del barrio de Salamanca.   *Geschäfte*

M.: ¿No lo dirás en serio?

J.: No, claro que no. <u>Era una broma</u>.   *Das war nur Spaß.*
Pero en esa zona están las
mejores tiendas de Madrid.

M.. Ya lo sé. Y también las más caras.
Allí compra la <u>gente bien</u> de   *reiche Leute*
Madrid. Pero yo pensaba que
podíamos ir en dirección a Callao.

J.: Muy bien, y podemos entrar en
'el Corte Inglés' o en 'Galerías
Preciados'.

M.: También podíamos coger un taxi
e ir hasta 'La Vaguada'.

J.: Ah, es ese nuevo centro comercial
que ha diseñado Manrique, el
<u>prestigioso</u> arquitecto de Lanzarote,   *berühmt*
¿verdad?

M.: Sí, pero está en la otra dirección.

J.: Bueno, ya veremos.

C Diálogo 4 Jorge (J.), Mónica (M.), vendedor (V.)

V.: Buenas tardes. ¿Qué deseaban?

M.: Quería unos zapatos para mí, pero
que fueran cómodos.

V.: ¿Tiene alguna idea <u>en especial</u>?   *besondere*

M.: Bueno, me gustaría que fueran
    elegantes, pero a la vez cómodos.

V.: ¿De qué color los quiere?

M.: De <u>piel marrón</u>, y con poco   *braunes Leder*
    <u>tacón</u>.   *Absatz*

V.: ¿Qué número tiene usted?

M.: El treinta y siete y medio o el
    treinta y ocho, <u>según</u>.   *hier: es kommt darauf*
        an

V.: ¿Qué le parece este modelo?

M.: No, no me gusta demasiado.
    ¿Y a ti, Jorge?

J.: Pues ...

M.: No, pero ese modelo, el de la
    derecha, ese me gusta.

V.: Ah, sí. Es un zapato verdaderamente
    elegante, y está a muy buen precio,
    pero creo que no es su número.
    ¿Quiere <u>probárselo</u>?   *etwas anprobieren*

M.: Sí, tiene usted razón. <u>Me queda</u>   *er scheint mir ein*
    <u>un poco pequeño</u>.   *bißchen klein (zu sein)*

V.: Bueno, voy a mirar en el <u>almacén</u>,   *Lager*
    a ver si nos queda su número.

(Pausa.)

V.: Tiene usted <u>suerte</u>. Es el último   *Glück*
    par que nos queda en este número.

J.: Camina un poco para que te vea.

M.: Sí, me quedan fenomenal y no me
    hacen ningún daño. Me los llevo.

V.: Muy bien. Si son tan amables de
    acompañarme hasta la caja para
    pagar ...

Wenn Sie einkaufen gehen und nicht genau wissen, was Sie kaufen wollen, sondern nur eine bestimmte Vorstellung haben, wie der gewünschte Artikel aussehen oder beschaffen sein soll, dann müssen Sie den Subjuntivo verwenden. Ejemplo: *Quiero unos zapatos que sean cómodos* = Ich möchte ein Paar Schuhe, die bequem sein sollen. In diesem Dialog sagt Mónica aber: "Quería unos zapatos que fueran cómodos". *Fueran* ist das Imperfecto des Subjuntivo, und sie verwendet es hier, weil das Hauptverb in der Vergangenheit (Imperfecto) steht.

Das Imperfecto de Subjuntivo wird folgendermaßen gebildet:

-AR: -ara, -aras, -ara, -áramos, -arais, -aran.

-ER, -IR: -iera, -ieras, -iera, -iéramos, -ierais, -ieran.

oder

-AR: -ase, -ases, -ase, -ásemos, -aseis, -asen.

-ER, -IR: -iese, -ieses, -iese, -iésemos, -ieseis, -iesen.

Man kann beide Formen verwenden.

C   Ejercicio 3

Sagen Sie in dieser Übung, welche Kleidungsstücke Sie zu sehen und anzuprobieren bzw. zu kaufen wünschen. Schauen Sie sich dazu aber zunächst die folgenden Wörter an:

Kleidungsstücke: blusa (Bluse), camisa (Hemd), vestido (Kleid), pantalón (Hose), falda (Rock), zapatos (Schuhe), botas (Stiefel).

Farben: claro (hell), oscuro (dunkel), azul (blau), rojo (rot), verde (grün), amarillo (gelb), negro (schwarz), blanco (weiß).

Material: seda (Seide), lino (Leinen), algodón (Baumwolle), lana (Wolle), piel (Leder).

1.) Bluse, Seide, hellblau, Größe 40 (talla), Preis ?, Kaufen.
2.) Kleid, dunkelgrün, Größe 38, Baumwolle, Preis ?, Kaufen?
3.) Stiefel, Leder, schwarz, Größe 41, Preis ?, zu klein.

Ejemplo:

V.: ¿Qué deseaba?
X.: Quería una blusa que fuera de algodón.
V.: ¿De qué color?
X.: Roja.
V: ¿Qué talla tiene?
X.: La 42.
V.: ¿Qué le parece ésta? ¿Quiere
    probársela?
X.: Sí, gracias.
    ¿Cuánto cuesta?
V.: 4.000 ptas.
X.: Muy bien. Me la llevo.

1.)
V.: ¿Qué deseaba?
X.: ...
V.: ¿De qué color?
X.: ...
V.: ¿Qué talla tiene?
X.: ...
V.: ¿Qué le parece ésta? ¿Quiere probársela?
X.: ...
V.. 12.000 ptas.
X.: ...

etc.

B   Diálogo 5   Jorge (J.), Mónica (M.)

M.: Estoy deseando ponerme los
zapatos.

J.: ¿Qué te parece si vamos esta noche
a una discoteca?

M.: Bueno, me parece muy bien.

J.: ¿O prefieres que vayamos a un
tablao de flamenco? He leído
en el periódico un <u>anuncio</u> del   *Anzeige*
Corral de la Pacheca. Es un
<u>sitio</u> muy famoso.   *Ort*

M.: Sí, pero prefiero ir a una discoteca.
Tengo ganas de ir a bailar salsa.

J.: Bien, voy a mirar en la <u>"Guía del</u>   *bekannte Illustrierte,*
<u>ocio"</u>. Esto es lo que me gusta   *die aufführt, was wann*
de Madrid, que tienes donde   *und wo stattfindet.*
escoger. No sólo es una ciudad
española o europea, es
<u>sencillamente</u> internacional.   *einfach*

C   Diálogo 1   Mónica (M.), Jorge (J.), visitante (V.)

M.: El Museo del Prado está abierto
      desde las nueve, pero podemos ir más
      tarde.

J.: Ya, ya. ¿Estás todavia cansada?

M.: No, estoy fresca como una rosa,   *frisch wie der junge*
      incluso después de haber estado   *Morgen; sogar*
      bailando toda la noche. Lo que pasa
      es que no tengo ganas de
      darme prisa.   *mich beeilen*

J.: ¿Qué metro tenemos que coger?   *U-Bahn*

M.: Espera un momento. Primero la
      linea 1 y después tenemos que
      bajarnos en Sol y coger la linea 2
      hasta el Banco de España.

(Pausa.)

J.: Bueno, ya estamos aquí.

M.: ¿Cuánto cuesta?

J.: Para los ciudadanos españoles la
      entrada es gratuita presentando
      el carné de identidad. Si no son   *Personalausweis*
      250 ptas. Ah, mira y está abierto
      hasta las 19.00 de la tarde, excepto
      los domingos, que está abierto
      sólo hasta las 14.00.

M.: ¡Qué pena!, creo que me he dejado
      el carné en el hotel. Bueno tampoco
      cuesta tanto la entrada.

J.: Ahora podemos empezar a discutir
      para ver por dónde empezamos.

M.: Bueno, estamos en una de las
mejores <u>pinacotecas</u> del mundo.   *Pinakothek*
Yo preferiría empezar por los
pintores españoles.

J.: ¿Qué piensas si empezamos por
el *Guernica*?

M.: Ya me lo imaginaba que era lo
primero que querías ver. Venga,
vamos.

J.: Rubens, Murillo, Goya, Velázquez.
No veo Picasso por ninguna parte.
Perdone, ¿sería tan amable de
decirnos dónde está el *Guernica*?

V.: El Guernica no <u>se expone</u> en el   *ausgestellt*
Prado, sino en el Casón del
Buen Retiro, que está aquí al
lado.

J.: Ah, no lo sabía. Pensaba que al
volver de Nueva York estaría en
el Prado.

V.: No, en el Prado pueden ustedes
ver las grandes escuelas europeas
de <u>pintura</u> entre los siglos XVII y   *Malerei*
XVIII.

M.: Muchas gracias. Jorge, entonces
vamos a ver la obra de Velázquez.

V.: Si quieren venir conmigo, yo
también voy hacia allí.

J.: Es usted muy amable.

B   Ejercicio 1

Stellen Sie sich vor, daß Sie mit einer Gruppe von Bekannten, Freunden oder Geschäftspartnern die Madrider U-Bahn benutzen möchten. Da einige Personen der Gruppe nur deutsch sprechen, müssen Sie mit Übersetzungen weiterhelfen. Übersetzen Sie deshalb die folgenden Fragen und Aussagen. Überprüfen Sie Ihre Antworten anhand der Lösungen auf Seite 213.

1.) Wir müssen in Gran Vía aussteigen.

2.) Können wir die U-Bahnlinie in Opera wechseln?

3.) Warum fahren Sie nicht mit der U-Bahn von Argüelles bis Colón?

4.) Mit der U-Bahn kann man nicht bis zum Flughafen fahren.

5.) Die nächste Station ist Sol.

6.) Wir müssen in Sol aussteigen und danach mit dem Bus weiterfahren.

7.) Um wieviel Uhr kommt der nächste Bus?

8.) Wenn Sie einen 'Bono-bus' kaufen, können Sie die öffentlichen Verkehrsmittel mehrere Tage lang benutzen.

C   Diálogo 2   Mónica (M.), Jorge (J.), visitante (V.)

V.: 'Las Meninas' es ese <u>cuadro</u> que   *Bild*
      ven ustedes allí, a la izquierda.

J.: Muchas gracias.

M.: Velázquez, uno de los grandes
      <u>pintores</u> de la historia del <u>arte</u>.   *Maler; Kunst*

J.: Sí, es cierto. Era el pintor de la

corte, y en su obra destacan — *hier: Hof; hervorheben*
los retratos. Lo que más me gusta — *Bildnisse*
es su dominio del color. Su ágil — *Beherrschung*
pincel produce las primeras — *Pinsel*
técnicas impresionistas.

M.: Y además en 'Las Meninas' — *hier: es ist ihm*
ha sido capaz de crear una — *gelungen; schaffen*
auténtica atmósfera, buscando la — *echte Atmosphäre*
perspectiva hacia afuera del cuadro.

J.: Sí, porque en un primer momento
yo diría que el pintor está copiando — *kopieren*
la imagen reflejada en un — *Bild; gespiegelt*
espejo. Se puede ver a Velázquez — *Spiegel*
pintando a las infantas. — *Infantin, span. Prinzessin; Eindruck*

M.: Sí, claro, esa es la primera impresión.
Pero si luego te fijas, ves que no es
así, porque en el mismo cuadro hay
un espejo al fondo, y allí se refleja
la imagen de dos personas que parece
que están observando la escena. — *beobachten*

J.: Probablemente los reyes.

M.: ¿A qué parece que nosotros mismos
estamos dentro del cuadro?

J.: Es verdad. Logra crear una auténtica
atmósfera. Desde luego, aunque
Madrid solo tuviera el Prado,
merecería la pena de todas formas — *würde es sich lohnen*
visitar la ciudad.

M.: Bueno, ahora vamos a ver los
cuadros de Goya y después nos
vamos a ver el *Guernica*.

J.: Me parece una buena idea.

B Ejercicio 2

In den hier abgedruckten Sätzen ist die Reihenfolge der einzelnen Satzteile etwas in Unordnung geraten. Stellen Sie die richtige Reihenfolge wieder her. Die Lösungen finden Sie auf den Seiten 213-214.

1.) retratos / le gustaba / a Velázques / pintar.

2.) una auténtica atmósfera / ha creado / Velázquez / en 'Las Meninas'.

3.) La imagen / parece que / reflejada / pinta / en un espejo.

4.) sino / el Museo del Prado / en / no / 'El Guernica' / se expone / el Casón del Buen Retiro / en.

5.) de Picasso / los cuadros / primero / Mónica y Jorge / de Goya / quieren ver / y después / 'El Guernica'.

"LA VIDA ES SUEÑO"

C Diálogo 1 Mónica (M.), Jorge (J.)

M.: Bueno, éste es nuestro último día en España.

J.: Sí. Y <u>ya es hora de decidir</u> qué   *es ist schon Zeit zu* hacemos esta noche.   *entscheiden* ¿Quieres que vayamos al teatro o a la zarzuela?

M.: Pues prefiero ir al teatro.

J.: ¿Vamos a la <u>función</u> de tarde o   *Vorstellung* a la de noche?

M.: Yo preferiría ir a la de tarde.
Mañana nos tenemos que levantar
temprano. Además debo recordarte
que tengo que llamar al aeropuerto.

J.: ¿Por qué? Pero si ya tienes tu
billete.

M.: Ya lo sé, pero querían que llamara
para confirmar el vuelo.   *den Flug bestätigen*

J.: Vale, de acuerdo.

C Diálogo 2   Mónica (M.), Jorge (J.)

J.: Vamos a comprar 'La Guía del
Ocio', para ver que se puede hacer
en Madrid esta noche.

(Pausa.)

M.: ¿Ya la has comprado?

J.: No, no quedaban. Pero he
comprado un periódico. También
podemos mirar en la cartelera.   *Veranstaltungskalen-*

M.: Bueno, a ver qué ponen.   *der, Tagesprogramm*

J.: La Compañia Nacional de Teatro
Clásico representa en el Teatro   *aufführen*
de la Comedia "La vida es sueño".

M.: "¿Qué es la vida? Una ilusión, una
sombra, una ficción, y el mayor   *Schatten*
bien es pequeño, que toda la vida
es sueño, y los sueños sueños son",
Calderón de la Barca.

J.: Y en el María Guerrero "El
Lazarillo de Tormes", en versión   *Fassung*

de Fernando Fernán-Gómez.

M.: La verdad es que yo preferiría
algo más <u>contemporáneo</u>. *zeitgenössisch*

J.: Bueno, podemos ir también a ver
"Los intereses creados" de Jacinto
Benavente, premio Nobel de
Literatura en 1922, o "Historia de
una escalera" de Antonio Buero
Vallejo.

M.: No sé. ¿Y algo más moderno?

J.: En el Conde Duque actúa "La
Fura dels Baus", con su último
<u>espectáculo</u>. *Schauspiel,*
Vorstellung

M.: No, no es necesario que sea tan
moderno.

J.: ¿Qué te parece entonces "Historia
de una escalera"?

M.: De acuerdo. ¿A qué hora son las
funciones?

J.: Bueno, en este teatro sólo tienen
una función, a las 20.00. Ya sabes
que el horario de las funciones varía
según los teatros. Algunos sólo
tienen función única a las 20.00
o a las 22.00. En otros hay dos, a
las 19.00 y a las 22.30.

M.: ¿Cuándo podemos comprar las
entradas?

J.: El horario de <u>taquilla</u> para la *Kasse*
<u>venta anticipada de localidades</u> *Vorkasse*
es de 11.30 a 13.30 y de 17.00 a
20.00.

M.: ¿Y qué hacemos hasta entonces?

J.: Nos vamos al <u>rastro</u>. Ya sabes que se pueden encontrar las cosas más curiosas, y como hoy es domingo, y ya que estamos en Madrid... *Flohmarkt*

M.: Vale. Pero primero llamamos al teatro para ver si quedan entradas.

C   Diálogo 3   Mónica (M.), Jorge (J.), taquillera (T.)

M.: Jorge, explícame primero el <u>argumento</u> de "Historia de una escalera".

Argument

J.: Pues mira, <u>se trata de</u> la vida de varias familias que viven en la misma casa. Nos enteramos de sus problemas a través de lo que pasa en la <u>escalera</u> de la casa. Está <u>ambientada</u> en la <u>posguerra</u> española y es una obra de <u>crítica social</u>.

es geht um

Treppe
hier: in der Zeit sein
Nachkriegszeit
Sozialkritik

M: Bueno, vamos a llamar, para ver si hay entradas.

J.: Sí, allí hay una cabina. ¿Tienes el teléfono?

(Pausa.)

T.: Teatro Español, ¿dígame?

J.: ¿Oiga? Mire, quería saber si quedan entradas para la función de esta noche.

T.: Pues sólo quedan tres entradas
    para el <u>patio de butacas</u>.   *Parkett*

J.: ¿Cuánto cuestan las entradas?

T.: Son 1300 pesetas. Son las
    entradas más caras de todas.

J.: Bueno, está bien. ¿Me podría
    reservar dos entradas a
    nombre del señor Castro?

T.: Sí, pero tienen que venir a
    recoger las entradas una hora
    antes de empezar la función.

J.: De acuerdo. Adiós.

M.: ¿Y bien?

J.: He reservado dos entradas para
    esta noche. Y ahora tienes que
    llamar al aeropuerto para confirmar
    tu vuelo.

M.: Es verdad. Tenemos que despertar
    ya del sueño: las vacaciones
    <u>están a punto de</u> acabarse.   *kurz davor sein*

B Ejercicio 1

Der abgedruckte *Spielplan* gibt Ihnen die Möglichkeit, auf spielerischem Wege allein oder zu zweit bzw. mehreren noch einmal einige Inhalte dieses Sprachkurses zu wiederholen. Eigentlich ist das Spiel ein reines Würfelspiel, aber hier ist es um einige Aufgaben erweitert. Zum Spielen benötigen Sie lediglich einen Spielstein, einen Würfel und die unten stehenden Aufgaben. Wenn Sie ein Feld erreichen, auf dem eine "oca" = Gans oder "puente" = Brücke steht, und Sie die gestellte Frage richtig beantworten können, dürfen Sie auf das Feld, wo die nächste oca bzw. puente steht, ziehen. Wenn Sie die entsprechende Frage nicht beantworten können, müssen sie wieder hinunter, bis zur vorigen Figur. Spielt man zu mehreren, gewinnt derjenige, der als erster das Feld Nr. 59 erreicht hat. Die Lösungen stehen auf Seite 214.

1.) Feld 5: Wie heißen die Vergangenheitsformen von: ser, empezar, estar?

2.) Feld 11: Wie lautet das Präsens von *cerrar,* und was bedeutet das auf deutsch?

3.) Feld 17: Welche Form ist richtig: *Invito los amigos* oder *invito a los amigos?*

4.) Feld 22: Was heißt auf spanisch: Ich spreche gerade?

5.) Feld 25: Was bedeutet die Abkürzung *IVA?*

6.) Feld 28: Welche Form drückt die nahe Zukunft von "ich male" aus?

7.) Feld 32: Sagen Sie, wo der berühmte Kilometer Null in Spanien ist.

8.) Feld 34: Zu welchem Arzt gehen Sie, wenn Sie Probleme mit den Augen haben?

9.) Feld 37: Buchstabieren Sie das spanische Wort für Schwert.

10.) Feld 43: Wann eroberten die Christen die letzte spanische Stadt zurück, und wie heißt sie?

11.) Feld 49: Was heißt Flohmarkt auf spanisch?

12.) Feld 56: Wie heißt der Sohn Karl V., und wie heißt das Schloß-Kloster, das er bauen ließ?

Lösungen zu den Übungen

Unidad 2

Ejercicio 3

A las nueve menos veinticinco; a las once menos cuarto; a las cinco y cuarto; a las siete y media; a las doce; a las siete menos veinte; a las doce menos cinco; a la una y diez; a las nueve y cuarto.

Ejercicio 4

estás hablando, está explicando, estoy comiendo, estáis escribiendo.

Ejercicio 6

1.) Jorge está viajando en transbordador.
2.) El transbordador está llegando a Barcelona.
3.) Mónica está hablando con el pasajero.
4.) El pasajero está contestando.
   El pasajero está respondiendo.
5.) Jorge está esperando a Mónica.
6.) La azafata está escribiendo la dirección de Mónica.
7.) Está rellenando el formulario.
8.) Mónica está enseñando su carné.

Unidad 3

Ejercicio 1 b)

1.) setenta y ocho.
2.) noventa y siete.
3.) cien pesetas.
4.) trescientas veinticinco pesetas.
5.) quinientos cincuenta y cinco marcos.
6.) mil cuarenta y seis pesetas.
7.) cuatro mil novecientos cinco marcos.
8.) diecinueve mil setecientos noventa y seis marcos.
9.) ciento setenta y ocho mil trescientas noventa y siete pesetas.
10.) cinco millones.
11.) quince mil millones.

Ejercicio 6

1.) Jorge y Mónica están viajando por España. Ahora visitan a sus amigos.

2.) Están tomando café y las pastas de Carmen. Su coche está aparcado delante de la casa.

3.) "No son mis pastas", dice Carmen.

4.) Todo el mundo tiene sus maletas.

5.) "Las mías faltan", dice Mónica al pasajero.

6.) Yo tengo mis maletas. ¿Dónde están las tuyas?

Unidad 4

Ejercicio 1 b)

1.) No voy a España en tren.

2.) Mónica no tiene sus maletas.

3.) Mónica y Jorge no sacan las cosas del coche.

4.) Daniel y Jorge no están jugando al ajedrez.

5.) No saben dónde está el aspirador.

Ejercicio 2

en, encima de, debajo de, detrás de, dentro de, al lado de, sobre, delante de.

Ejercicio 3

Pmis-las-rdias-cucharillas-reh-no-zokdaf-estan-din-encima-dfj-de-sfa-la-hans-mesa-sw-o-susj-debajo-fque-del-jamonsi-mantel-yidn-o-kil-detras-pok-del-mink-tostador-amurisin-o-bar-al-pib-lado-üreor-del-marwp-frigorifico-qlmny-o-lkjdue-sobre-jezu-la-vic-alfombra.

Ejercicio 4

A Mónica le gustan los trabajos de jardinería. No le apasiona arrancar las malas hierbas, pero sí le gusta cortar el césped. No puede encontrar el cortacésped, porque Roberto y Carmen lo tienen siempre en el garaje. Roberto tiene un montón de cosas que hacer en el jardín, no ha cortado el césped, hay que arrancar las malas hierbas y además hay que talar un árbol. Le dice a Mónica que es muy amable al ayudarle y que el enchufe del cortacésped eléctrico está debajo del interruptor de la luz. A su hijo Daniel no le gusta nada trabajar en el jardín, por eso se alegra de que le guste a Mónica.

Unidad 5

Ejercicio 3

1.) ¿Cuánto cuesta un helado?

2.) Vivo en el primer piso.

3.) Mañana van a visitar Toledo.

4.) Estas pegatinas cuestan 120 pesetas.

5.) ¿Tienes algun libro de Hermann Hesse?

Ejercicio 5

1.) Daniel corta el césped.
2.) Jorge quiere recoger a Mónica en Barajas.
3.) ¿Cuánto cuesta esta pegatina?
4.) Mónica y Jorge quieren ir a Toledo.
5.) Carmen espera a sus amigos.
6.) El pasajero encuentra a su compañero.
7.) Yo pienso mucho en mi familia.
8.) ¿Cuándo vuelves?
9.) Hoy vosotros queréis visitar la catedral.
10.) Roberto no tiene que echar gasolina.

Unidad 6

Ejercicio 3 a)

1.) Están hablando del claustro de la catedral.
2.) La sacristía de la catedral es como un museo.
3.) El altar está detrás de la girola, casi en el centro de la catedral.
4.) La parte superior de la sillería es de Berruguete.
5.) Mónica quiere visitar la Sala del Tesoro.

Ejercicio 3 b)

(f = falsch, r = richtig)
1.) f; 2.) f; 3.) r; 4.) f; 5.) f; 6.) f; 7.) r; 8.) r; 9.) r; 10.) f.

Ejercicio 5

1.) El altar está en el centro de la catedral.
2.) Detrás del altar hay un retablo.
3.) ¿Dónde está la sinagoga?
4.) En Toledo hay muchas iglesias.
5.) Enfrente del museo hay un bar.

Unidad 7

Ejercicio 1

1.) barato, más barato, el más barato.

2.) dulce, más dulce, el más dulce.

3.) sabrosa, más sabrosa, la más sabrosa.

4.) cara, más cara, la más cara.

5.) pequeños, menores, los menores.

6.) largos, más largos, los más largos.

7.) frescas, más frescas, las más frescas.

8.) atractivas, más atractivas, las más atractivas.

9.) bueno, mejor, el mejor.

10.) delgados, más delgados, los más delgados.

11.) pesada, más pesada, la más pesada.

12.) agresivo, más agresivo, el más agresivo.

13.) simpáticas, más simpáticas, las más simpáticas.

14.) mala, peor, la peor.

15.) grande, mayor, el/la mayor.

Unidad 8

Ejercicio 1

Daniel sabe un poco sobre la historia del Escorial. La ha estudiado en el colegio y le fascina. Por eso Jorge y Mónica quieren ir con él. Hay mucha gente que quiere visitar El Escorial. Eso les pasa a ellos. Carmen les dice que es "la octava maravilla del mundo". Daniel está todavía en el colegio. Mónica y Jorge tienen que esperarle. Para ellos es importante tener un guía como Daniel. Daniel tiene que hacer los deberes, pero los puede hacer después de la visita.

Ejercicio 2

1.) Mónica habló con Carmen sobre Daniel.

2.) Daniel sacó una buena nota en historia.

3.) Mónica y Jorge visitaron El Escorial.

4.) Carmen escribió una carta.

5.) Yo aprendí español.

6.) Carmen y Roberto invitaron a sus amigos.

Ejercicio 4

1.) El Escorial ist in der Nähe von Madrid.

2.) Die Bauarbeiten haben 1558 angefangen.

3.) Der Palast wurde zu Ehren des Heiligen Lorenzo gebaut.

4.) Philipp II lebte vor mehreren Jahrhunderten.

5.) Es ist gleichzeitig Palast und Kloster.

6.) Gestern haben Jorge und Monica Toledo besucht.

7.) Vorgestern haben sie mit einem sehr netten Führer gesprochen.

8.) Er erklärte ihnen, daß in der Sakristei viele Bilder sind.

Unidad 9

Ejercicio 1

1.) vine;   2.) vino;   3.) fue;   4.) fuimos;   5.) estuvimos;   6.) fue;
7.) explicó.

Ejercicio 3

1.) El año pasado jugué al fútbol.
2.) Ayer jugué al tenis.
3.) Hace diez años practiqué el atletismo.
4.) Anteayer fui a nadar.
5.) El mes pasado jugué al baloncesto.
6.) Hace un año jugué al ajedrez.

Unidad 10

Ejercicio 2

1.) A Carmen le gusta mucho la sopa de mariscos.

2.) A Carlos no le gusta el melón con jamón.

3.) A mí me gustan mucho los calamares a la romana.

4.) A nosotros nos gusta mucho el solomillo de cerdo.

5.) A Carlos y a Roberto les gusta el flan.

6.) A vosotros no os gusta el helado.

7.) A Jorge le gustan mucho los vinos españoles.

8.) A Ana y a Juan les gusta muchísimo la paella.

Unidad 12

Ejercicio 1

1.) Puso las sillas en la cocina.

2.) Colgó una lámpara en el cuarto de baño.

3.) Metió la nueva mesa redonda en el comedor.

4.) Olvidó la mesa vieja en el cuarto de estar.

5.) Instaló el fregadero en la cocina.

6.) Colocó la cómoda en el comedor.

7.) Montó el armario en el dormitorio.

8.) Llevo el sofá al cuarto de estar.

Ejercicio 3

1.) Tomaba café en el bar Cervantes.

2.) Todas las mañanas iba a clase de español.

3.) Nos levantábamos tarde.

4.) Por la tarde visitaba los monumentos.

5.) La profesora era muy divertida.

6.) Los compañeros eran alemanes, holandeses y japoneses.

7.) Mi amigo John vivía en una pensión.

Unidad 13

Ejercicio 3

1.) Primero van a dar una vuelta
y después van a entrar en la ciudad.

2.) Parece que la ciudad
acaba de salir de otra época.

3.) "Ciudad natal de Santa Teresa
conservas sus viejas murallas medievales".

4.) "Su catedral está
empotrada en las murallas".

Unidad 15

Ejercicio 1

Crucigrama 1

```
X X X X X X X C a r l o s X X X X
X X X X X X c A s t e l l a n o s
X X X X X m u S u l m a n e s X X
X X X X X a s T u r i a s X X X X
r e c o n q u I s t a X X X X X X
X X i s a b e L X X X X X X X X X
X X X X X J u L i o X X X X X X X
X X X X X X m O r o X X X X X X X
```

Crucigrama 2

```
X X X e S p a d a X X X X
c a u t I v o X X X X X X
X X X X M a d r i d X X X
X X g r A n a d a X X X X
X X m o N a r c a X X X X
X X X X C r i s t i a n o
f e r n A n d o X X X X X
X X X X S i g l o X X X X
```

Unidad 16

Ejercicio 1

1.) Me alegro de que el banco esté abierto.

2.) Me alegro de que el taller de reparaciones cierre los domingos.

3.) Me alegro de que el camionero nos ayude.

4.) Siento que Julia no tenga muchos libros.

5.) Siento que Roberto no pueda venir a Avila.

6.) Siento que Jorge tenga dolor de muelas.

7.) Lamento que el castillo esté cerrado.

8.) Lamento que Mónica no escriba postales.

9.) Lamento que no os quedéis en casa de vuestros amigos.

Unidad 17

Ejercicio 1

1.) Esta postal es para ti.

2.) He ido a Madrid por ti.

3.) Aprende español para poder viajar por España.

4.) No quieren salir por la lluvia.

5.) Todo es muy interesante para mí.

6.) Mónica compró flores para Carmen.

7.) Vende el coche por 1.000.000 ptas.

Unidad 18

Ejercicio 3

1.) La Plaza Mayor de Salamanca es
... una de las más bonitas de España.

2.) En la Plaza se han celebrado
... corridas de toros.

3.) El rey Alfonso IX fue
... el fundador de la Universidad.

4.) El estilo plateresco se llama así porque
... se parece al trabajo de los plateros.

5.) La rana de la Universidad es famosa porque
... según la leyenda da suerte a los estudiantes.

Unidad 20

Ejercicio 1

1.) Jorge no encuentra ningún banco abierto.

2.) Salamanca no es una ciudad muy grande.

3.) Hoy hace muy buen tiempo.

4.) ¿Tienes alguna moneda suelta para llamar por teléfono?

5.) Es nuestro primer viaje a España.

6.) Roberto y Carmen viven en una gran casa.

7.) ¿Tienes algún libro en español?

8.) No, no tengo ninguno.

Ejercicio 2

1.) Jorge tiene que llamar urgentemente esta mañana.

2.) Pero difícilmente puede hacerlo, porque no tiene dinero suelto.

3.) Afortunadamente el coche estará listo mañana.

4.) Los mecánicos trabajan excelentemente.

5.) Mónica y Jorge toman tranquilamante algo en un bar.

6.) El "Bambú" está completamente lleno de gente.

Unidad 21

Ejercicio 2

1.) El Regio es mayor que el Gran Hotel. / El Gran Hotel es menor que el Regio.

2.) El servicio en el Gran Hotel es mejor que en el Regio. / El servicio en el Regio es peor que en el Gran Hotel.

3.) El Regio tiene más bares que el Gran Hotel.

4.) El recepcionista del Regio es más cortés que el del Gran Hotel.

5.) El Regio es más caro que el Gran Hotel. / El Gran Hotel es menos caro que el Regio. / El Gran Hotel es más barato que el Regio.

6.) Las camas del Regio son tan confortables como las del Gran Hotel.

7.) Los cuartos de baño están más limpios en el Regio que en el Gran Hotel. / Los cuartos de baño están más sucios en el Gran Hotel que en el Regio.

8.) El televisor del Regio es más nuevo que el del Gran Hotel. / El televisor del Gran Hotel es más viejo que el del Regio.

Unidad 22

Ejercicio 2

1.) Para Mónica el viaje es muy interesante.

2.) Jorge tuvo que llamar al taller de reparaciones.

3.) Mónica consiguió un hotel sólo para dos noches.

4.) Jorge no se alegra de que Mónica quiera ir de compras.

5.) En Madrid hay muchos museos.

6.) Pero hoy no visitan el Museo del Prado.

7.) Mónica está cansadísima.

8.) Jorge está tan cansado como Mónica.

Unidad 23

Ejercicio 1

1.) Tenemos que bajarnos en Gran Vía.

2.) ¿Podemos cambiar de metro en Opera?

3.) ¿Por qué no van en metro desde Argüelles hasta Colón?

4.) No se puede ir en metro hasta el aeropuerto.

5.) La próxima estación es Sol.

6.) Tenemos que bajarnos en Sol y despúes seguir en autobús.

7.) ¿A qué hora pasa el próximo autobús?

8.) Si usted compra un 'Bono-bús' puede utilizar durante varios días los transportes públicos.

Ejercicio 2

1.) A Velázquez le gustaba pintar retratos.

2.) Velázquez ha creado en 'Las Meninas' una auténtica atmósfera.

3.) Parece que pinta la imagen reflejada en un espejo.

4.) 'El Guernica' no se expone en el Museo del Prado, sino en el Casón del Buen Retiro.

5.) Mónica y Jorge quieren ver primero los cuadros de Goya y después 'El Guernica' de Picasso.

Unidad 24

Ejercicio 1

1.) fui, era, he sido, empecé, empezaba, he empezado, estuve, estaba, he estado.

2.) cierro, cierras, cierra, cerramos, cerráis, cierran, dt.: schließen.

3.) Invito a los amigos.

4.) Estoy hablando.

5.) Impuesto sobre el valor añadido.

6.) Voy a pintar.

7.) En Madrid, en la Puerta del Sol.

8.) Oculista oder Oftalmólogo.

9.) E-S-P-A-D-A.

10.) En 1492 se reconquistó la ciudad de Granada.

11.) Rastro.

12.) Felipe II y El Escorial.

Verzeichnis der Themen, Situationen, Sprechabsichten, Strukturen und Grammatik

Unidad 1: *Desde Palma de Mallorca a Barcelona*

Themen / Situationen: Auf der Fähre, Zoll

Sprechabsichten: Informationsfragen, sich vorstellen

Grammatik: Fragepronomen, Personalpronomen
— Subjektform, Präsens von regelmäßigen Verben
— Präsens von ser und estar

Strukturen: Me gusta, me gustaría, ir en, ¿de dónde es usted?, ¿dónde está?, a la derecha, a la izquierda, enfrente

Unidad 2: *Llegada al aeropuerto de Madrid-Barajas*

Themen / Situationen: Ankunft, Abflugzeiten, Gepäckausgabe, Gepäck verloren, Zoll

Sprechabsichten: Uhrzeit angeben, zählen

Grammatik: Verlaufsform im Präsens, Kardinalzahlen bis 60

Strukturen: Y cuarto, y media, menos cuarto

Unidad 3: *En casa de unos amigos*

Themen / Situationen: Wohnort finden, Nachmittagskaffee, spielen

Sprechabsichten: Jdn. begrüßen, jdn. vorstellen, buchstabieren

Grammatik: Kardinalzahlen ab 60, Possessivpronomen und Possessivadjektive, Alphabet

Strukturen: ¿Cómo está?, ¿qué tal estás?, hola, buenos días, buenas noches, etc., encantado/a de conocerte

Unidad 4: *Ayudando en casa*

Themen / Situationen: Hausarbeit, Geschirrspüler einräumen, Gartenpflege

Sprechabsichten: Verneinen, negative Antworten geben

Grammatik: Verneinung, Präpositionen, Demonstrativpronomen, Wortgrenzen

Strukturen: No, no tomo café, al lado de, sobre, encima de, detrás de, etc.

Unidad 5: *En la estación de servicio*

Themen / Situationen:	Tanken, Einkaufen, Geld, Preise
Sprechabsichten:	Spontane Entschlüsse, Ordnungen erläutern, nach Preisen fragen, Besitzverhältnisse angeben
Grammatik:	Ordinalzahlen, Präsens von ir, nahe Zukunft, Präsens unregelmäßiger Verben
Strukturen:	¿Cuánto cuesta?, tener, tener que, voy a comprar

Unidad 6: *La catedral de Toledo*

Themen / Situationen:	Besichtigung, Orientierung, Geschichte
Sprechabsichten:	Jahreszahlen und Daten angeben, Weg beschreiben
Grammatik:	—
Strukturen:	Está/hay, Beschreibungsvokabular Kirche, días, meses, años

Unidad 7: *De compras*

Themen / Situationen: Einkaufen, vergleichen

Sprechabsichten: Relationen ausdrücken

Grammatik: Adjektivsteigerung, Vergleiche

Strukturen: Más ... que, menos ... que, tan/tanto ... como, baratísimo, el más barato

Unidad 8: *Visitando El Escorial*

Themen / Situationen: Besichtigung, Geschichte

Sprechabsichten: Über Vergangenes sprechen

Grammatik: Personalpronomen – Objektform, Indefinido der regelmäßigen Verben, Satzstellung

Strukturen: ---

Unidad 9: *Escribiendo cartas y postales*

Themen / Situationen: Briefe und Postkarten schreiben, Sport

Sprechabsichten: Über Vergangenes berichten, mündlich und schriftlich

Grammatik: Präsens und Indefinido regelmäßiger Verben, Zeitadverbien

Strukturen: Ayer, anteayer, el año pasado, hace diez años, etc.

Unidad 10: *En el restaurante*

Themen / Situationen: Im Restaurant essen

Sprechabsichten: Jdn. einladen, telefonisch reservieren, à la Carte bestellen, bezahlen

Grammatik: Hilfsverben

Strukturen: Puedo, quiero, debo, tengo que, me gusta, recomendar

Unidad 11: *En el dentista*

Themen / Situationen: Zahnschmerzen, Zahnarztbehandlung, Krankheiten, Abschied

Sprechabsichten: Fachärzte benennen, Verpflichtungen und Empfehlungen aussprechen, sich bedanken, sich verabschieden

Grammatik: Reflexivverben

Strukturen: Hasta pronto, adiós, le agradezco

Unidad 12: *"Se alquilan habitaciones"*

Themen / Situationen: Übernachten, Frühstück

Sprechabsichten: Übernachtungsmöglichkeit erfragen, Bitten ausdrücken, höflich zustimmen und ablehnen

Grammatik: Präsens und Indefinido weiterer unregelmäßiger Verben, Imperfecto

Strukturen: Perdone, lo siento, no gracias, etc.

Unidad 13: *Avila*

Themen / Situationen: Besichtigen, Radio hören, Wetterbericht, Wetter

Sprechabsichten: Vorhersagen machen

Grammatik: Zukunft, Zeitadverbien

Strukturen: Esta noche, mañana, el fin de semana

Unidad 14: *Un accidente*

Themen / Situationen: Unfall, Streit, Zeugenaussage

Sprechabsichten: Jdn. zu etwas auffordern, Beobachtungen mitteilen, sich streiten, Ordnungen und Reihenfolgen aufstellen

Grammatik: Imperativ

Strukturen: Ridículo, pues claro, etc.

Unidad 15: *El castillo de Simancas*

Themen / Situationen: Besichtigung, Geschichte

Sprechabsichten: Erzählen und Verstehen

Grammatik: Wdh. Vergangenheit

Strukturen: ----

Unidad 16: *En el banco*

Themen / Situationen: Geschäfte am Bankschalter

Sprechabsichten: Emotionale Reaktionen ausdrücken, Schecks einlösen, einzahlen und wechseln

Grammatik: Präsens Subjuntivo I

Strukturen: Bankwortschatz, me alegro de que, siento que, etc.

Unidad 17: *En el tren*

Themen / Situationen: Fahrkarten kaufen, Bahnhof, Essen im Speisewagen, Gespräche mit Mitreisenden

Sprechabsichten: Unterhaltung, um jdn. kennenzulernen

Grammatik: Por und para

Strukturen: Soltero, ida y vuelta, de ... a ..., estar de vacaciones, etc.

Unidad 18: *Visitando Salamanca*

Themen / Situationen: Besichtigung, Geschichte

Sprechabsichten: Über gerade Geschehenes, noch Andauerndes und Vergangenes sprechen

Grammatik: Pretérito Perfecto, Zeitadverbien

Strukturen: Esta mañana, todavía no, recientemente

Unidad 19: *Correos y Teléfonos*

Themen / Situationen: Briefmarken kaufen, telefonieren

Sprechabsichten: Instruktionen geben und verstehen,
Mengenangaben machen, Willensäußerungen
ausdrücken

Grammatik: Präsens Subjuntivo II

Strukturen: Quiero que, te prohibo que, etc.,
Redewendungen beim Telefonieren

Unidad 20: *En el bar*

Themen / Situationen: Runden ausgeben, Bestellungen,
Kontakte knüpfen

Sprechabsichten: Bestellungen an der Bar, gesellige
Unterhaltung

Grammatik: Adjektive und Adverbien

Strukturen: Pincho, tapa, caña, etc.

Unidad 21: *Reservando un hotel*

Themen / Situationen: Telefonische Reservierung, Hotelbuchung

Sprechabsichten: Informationen über ein Hotel erfragen

Grammatik: Wdh. Vergleiche

Strukturen: Una habitación individual, doble, prefiero, etc.

Unidad 22: *Una visita a la capital: De compras por Madrid*

Themen / Situationen: Besichtigung, Einkaufen, Anprobieren, Disco

Sprechabsichten: Einkaufsgespäche führen

Grammatik: Imperfecto, Subjuntivo

Strukturen: ¿Qué deseaba?, quería, etc.

Unidad 23: *En el Museo del Prado*

Themen / Situationen: U-Bahn, Museumsbesuch, Bildbetrachtung

Sprechabsichten: Informationen übersetzen, Bild interpretieren

Grammatik: Wdh. Vergangenheit

Strukturen: Cuadro, obra, pincel, etc.

Unidad 24: *"La vida es sueño"*

Themen / Situationen: Theaterkarten, Theaterbesuch

Sprechabsichten: Informationen austauschen, Entscheidungen treffen

Grammatik: Lernerfolgsüberprüfung

Strukturen: Contemporáneo, cartelera, entrada, reservar, etc.

Unregelmäßige Verben

coger	Yo cojo	Yo cogí	Yo he cogido
comprender	Yo comprendo	Yo comprendí	Yo he comprendido
conducir	Yo conduzco	Yo conduje	Yo he conducido
	El conduce		
construir	Yo construyo	Yo construí	Yo he construido
contar	Yo cuento	Yo conté	Yo he contado
dar	Yo doy	Yo di	Yo he dado
decir	Yo digo	Yo dije	Yo he dicho
	El dice		
dormir	Yo duermo	Yo dormi	Yo he dormido
empezar	Yo empiezo	Yo empecé	Yo he empezado
encontrar	Yo encuentro	Yo encontré	Yo he encontrado
escribir	Yo escribo	Yo escribí	Yo he escrito
estar	Yo estoy	Yo estuve	Yo he estado
hacer	Yo hago	Yo hice	Yo he hecho
	El hace		
ir	Yo voy	Yo fui	Yo he ido
	El va		
leer	Yo leo	Yo leí	Yo he leido
obtener	Yo obtengo	Yo obtuve	Yo he obtenido
oir	Yo oigo	Yo oí	Yo he oido
pedir	Yo pido	Yo pedí	Yo he pedido
pensar	Yo pienso	Yo pensé	Yo he pensado
poder	Yo puedo	Yo pude	Yo he podido

poner	Yo pongo	Yo puse	Yo he puesto
querer	Yo quiero	Yo quise	Yo he querido
saber	Yo sé	Yo supe	Yo he sabido
salir	Yo salgo	Yo salí	Yo he salido
ser	Yo soy	Yo fui	Yo he sido
tener	Yo tengo	Yo tuve	Yo he tenido
traer	Yo traigo	Yo traje	Yo he traido
venir	Yo vengo	Yo vine	Yo he venido
ver	Yo veo	Yo vi	Yo he visto
volar	Yo vuelo	Yo volé	Yo he volado
	El vuela		

Alphabetisches Wörterverzeichnis

A

a fin de cuentas	schließlich
a la derecha	rechts
a la izquierda	links
al lo mejor	vielleicht
a menudo	oft
a partir de ahora	jetzt
a pie	zu Fuß
a veces	manchmal
abastecer	beliefern, versorgen
abierto	geöffnet
abogado (m)	Anwalt
abollado	verbogen, verbeult
abril (m)	April
abrir	öffnen
acabar de + Inf.	gerade + Inf. + sein
accidente (m)	Unfall
aceite (m)	Öl
aceite de oliva (m)	Olivenöl
aceituna (f)	Olive
acentuar	betonen
acompañar	begleiten
aconsejar	empfehlen, beraten
acordarse de	sich erinnern an
actuar	spielen
además	außerdem
adentro	hinein
adiós	auf Wiedersehen
aduana (f)	Zoll
aeropuerto (m)	Flughafen
afueras (f)	Umgebung, Außenbezirke
agosto (m)	August
agradable	angenehm
agricultor (m)	Bauer
agua (f)	Wasser
ahí	da
ahora	jetzt
ahora mismo	sofort
ahumado	geräuchert
aire (m)	Luft
aire acondiciona-do (m)	Klimaanlage
aislamiento (m)	Isolierung
ajedrez (m)	Schach
ajo (m)	Knoblauch
ajusticiar	hinrichten

al lado de	neben
alegrarse	sich freuen
alfombra (f)	Teppich
algo	etwas
algodón (m)	Baumwolle
alguien	irgend jemand
algún	mancher, irgend-einer
allí	da dort
almacén (m)	Lager
alquilar	mieten, vermieten
alrededores (m)	Umgebung
altavoz (m)	Lautsprecher
alto	hoch
altura (f)	Höhe
ama de casa (f)	Hausfrau
amable	nett
amigo (m)	Freund
ancho	breit
anciano (m)	alter Mann
año (m)	Jahr
anotar	notieren
anteayer	vorgestern
antes	vor
antes de	bevor
antiguo	alt, antik
anuncio (m)	Anzeige
aparcamiento (m)	Parkhaus
aparcar	parken
aparecer	aufführen
aparte	extra
aperitivo (m)	Aperitiv
apetecer	Lust haben
aprobar	bestehen
aquel	jener
aquí	hier
árabe (m)	Araber
archivo (m)	Archiv
argumento (m)	Argument
armadura (f)	Ritterrüstung
arquitecto (m)	Architekt
arrancar	jäten
arreglar	reparieren
arreglárselas	mit etwas fertig werden
arriba	oben
arroz (m)	Reis

arte (m)	Kunst	bonito	schön
artístico	künstlerisch	bota (f)	Stiefel
así	so	botella (f)	Flasche
asiento (m)	Sitz	broma (f)	Spaß
asombrarse	sich erstaunen	bulto (m)	Gepäckstück
aspecto (m)	Aussehen	buscar	suchen
aspirador (m)	Staubsauger		
aspirar	saugen	**C**	
atajo (m)	Abkürzung	caballero (m)	Gentleman; Ritter
atmósfera (f)	Atmosphäre	caballo (m)	Pferd
atmosférico	atmosphärisch	cabeza (f)	Kopf
atontado	blöd, dumm	cabildo catedrali-	Domkapitel
atracción (f)	Attraktion	cio (m)	
atravesar	durchqueren	cabina telefónica (f)	Telefonzelle
auricular (m)	Hörer	cada vez (f)	jedesmal
auténtico	echt	café (m)	Kaffee
autobús (m)	Bus	café con leche (m)	Milchkaffee
autopista (f)	Autobahn	café cortado (m)	Kaffee mit ein wenig
avión (m)	Flugzeug		Milch
ayer	gestern	café irlandés (m)	Irish Coffee
ayudar	helfen	café solo (m)	Expresso
ayuntamiento (m)	Rathaus	caja (f)	Kasse;
azafata (f)	Stewardeß		Schachtel
azúcar (m)	Zucker	calamar (m)	Kalamar,
azul	blau		Tintenfisch
		calavera (f)	Totenkopf, Schädel
B		cálido	heiß
bajar	runtergehen	caliente	warm
banco (m)	Bank	calle (f)	Straße
bandeja (f)	Tablett	calma (f)	Stille, Ruhe
bar (m)	Kneipe	calzada (f)	Fahrbahn
barato	billig	cama (f)	Bett
barca (f)	Boot	camarero (m)	Kellner
barco (m)	Schiff, Boot	cambiar	wechseln, tauschen
barra (f)	Baguette	cambio (f)	Wechsel, Tausch,
barriga (f)	Bauch		Wechsel(geld)
barrio (m)	Viertel	camino (m)	Weg
basílica (f)	Basilika	camión (m)	LKW
bastante	ziemlich, genug	camionero (m)	LKW-Fahrer
batería (f)	Batterie	camisa (f)	Hemd
beber	trinken	caña (f)	Bier vom Faß
benéfico	wohltätig	cansado	müde
besugo (m)	Seebrasse	capaz	fähig
bicicleta (f)	Fahrrad	capilla (f)	Kapelle
billete (m)	Schein;	capital (f)	Hauptstadt
	(Fahr-)Karte	capó (m)	Motorhaube
blanco	weiß	característica (f)	Wahrzeichen
blanco y negro	schwarz-weiß	caries (f)	Karies
blusa (f)	Bluse	carne (f)	Fleisch
boca (f)	Mund	carné de	
bocadillo (m)	Butterbrot	identidad (m)	Personalausweis
bolígrafo (m)	Kugelschreiber	carnicería (f)	Metzger

caro	teuer	cola (f)	Schlange; Schwanz
carretera (f)	Straße	colección (f)	Sammlung
carril (m)	Spur	colgar	aufhängen
carrito (m)	Einkaufswagen	colmillo (m)	Eckzahn
carta (f)	Brief; Karte	colocar	stellen, aufräumen
cartas (f)	Spielkarten	columna (f)	Säule
cartel (m)	Schild	comenzar	beginnen, anfangen
cartelera (f)	Veranstaltungs-	comer	essen
	kalender	comida (f)	Essen
casa (f)	Haus, Wohnung	como	wie
casado	verheiratet	cómodo	bequem
casera	hausgemacht,	compañero (m)	Kollege
	häuslich	compañía (f)	Gesellschaft
casi	fast	comparación (f)	Vergleich
casilla (f)	Kästchen	completamente	ganz
caso (m)	Fall	comprar	kaufen
castillo (m)	Burg, Schloß	comprobar	prüfen
causa (f)	Grund	Comunidad	Europäische
causar	verursachen	Europea (f)	Gemeinschaft
cautivo (m)	Gefangener	con mucho gusto	gern
cazuela (f)	Topf	conducir	fahren
cebolla (f)	Zwiebel	conductor (m)	Fahrer
celebración (f)	Feier	conexión (f)	Verbindung
celebrarse	stattfinden	conferencia (f)	Konferenz, Be-
cementerio (m)	Friedhof		sprechung, Vortrag
cena (f)	Abendessen	conferenciante (m)	Vortragender
centro (m)	Zentrum	confirmar	bestätigen
centro comer-		confortable	bequem, gemütlich
cial (m)	Einkaufszentrum	congelado	eingefroren
cerca de	in der Nähe	congreso (m)	Kongreß
cereal (m)	Getreide	conmigo	mit mir
cerrar	schließen	conocer	kennen, kennen-
cerveza (f)	Bier		lernen
césped (m)	Gras	conquistar	erobern
chalé (m)	Landhaus	conservar	erhalten
chaparrón (m)	Regengüsse	consomé (m)	Bouillon
cheque (m)	Scheck	construir	bauen
cheque de viaje (m)	Reisescheck	contaminación (f)	Umweltver-
chicle (m)	Kaugummi		schmutzung
chocolate (m)	Schokolade	contar	zählen, erzählen
cielo (m)	Himmel	contemplar	betrachten
cinta (f)	Band	contemporáneo	zeitgenössisch
circular	kreisförmig	contigo	mit dir
ciudad (f)	Stadt	contra	gegen
claro	hell	control (m)	Kontrolle
claustro (m)	Kreuzgang	convivir	zusammenleben
cliente (m)	Kunde	copa (f)	(Stiel-)Glas
clima (m)	Klima	copiar	kopieren
coche (m)	Wagen, Auto	cordero (m)	Lamm, Milchlamm
cocina (f)	Küche	correspondiente	entsprechend
cocinero (m)	Koch	corrida (f)	Stierkampf

cortacésped (m)	Rasenmäher
cortar	schneiden
corte (f)	Hof
cortés	freundlich
cosa (f)	Sache, Ding
costa (f)	Küste
costumbre (f)	Gewohnheit, Brauch
crear	schaffen
creer	glauben
cristal (m)	Glas
crítica (f)	Kritik
cuadrado	quadratisch
cuadro (m)	Bild
cuando	wann
cuánto	wieviel
cuarto de baño (m)	Badezimmer
cuarto de estar (m)	Wohnzimmer
cubierta (f)	Decke; Deck
cubierto (m)	Besteck
cuchara (f)	Löffel
cucharilla (f)	kleiner Löffel
cuchillo (m)	Messer
cuenta (f)	Rechnung
cuestión (f)	Frage
culpa (f)	Schuld
cumpleaños (m)	Geburtstag
curva (f)	Kurve

D

dañado	beschädigt
daño (m)	Schaden
dar	geben
dar la vuelta a ...	um ... fahren bzw. gehen
dar una vuelta	einen Spaziergang machen
darse prisa	sich (be)eilen
dato (m)	Angaben, Daten
de acuerdo	in Ordnung, einverstanden
de nada	bitte schön, gern geschehen
de nuevo	nochmal, erneut
de paso	unterwegs
de repente	plötzlich
de todas formas	auf jeden Fall, sowieso
debajo de	unter
deber	sollen, schulden
deber (m)	Pflicht, Aufgabe
deberes	Hausaufgaben

debido	infolge
débil	schwach
decidir	entscheiden
decir	sagen
decoración (f)	Verzierung
dejar	lassen
delante de	vor
delantero	vorderer
delicado	fein, empfindlich
delicioso	köstlich
dentista (m)	Zahnarzt
dentro de	in, innerhalb
depende	es kommt darauf an
depender	abhängig sein, abhängen
dependienta (f)	Verkäuferin
deprisa	schnell
dermatólogo (m)	Hautarzt
derrota (f)	Niederlage
desaparecer	verschwinden
desarrollar	entwickeln
desayunar	frühstücken
desayuno (m)	Frühstück
descansar	sich erholen
descender	fallen
descolgar	abnehmen
descomposición (f)	Durchfall
descontar	abziehen
descortés	unfreundlich
descubrir	entdecken
desear	wünschen
desgraciadamente	leider
despedirse	sich verabschieden
desperfecto (m)	Beschädigung
despertarse	aufwachen
después	danach
destacar	hervorheben
destrozado	kaputt, zertrümmert
desvertirse	sich ausziehen
detalle (m)	Detail
detergente (m)	Reinigungsmittel
detrás de	hinter
devolver	zurückgeben
día (m)	Tag
diariamente	täglich
diciembre (m)	Dezember
diferencia (f)	Unterschied
diferente	verschieden
difícil	schwer
digno	wert
dinero (m)	Geld
dinero suelto (m)	Kleingeld

dirección (f)	Adresse; Richtung	encantador	bezaubernd, lieb
directamente	gerade	encantar	sehr gut finden,
dirijirse	sich begeben		gefallen, mögen
discutir	streiten	encargarse de	etw. übernehmen
diseñar	entwerfen	encender	anzünden, an-
disparar	schießen		machen, ein-
disponer	zur Verfügung		schalten
	haben	enchufar	(ein)stecken
diversidad (f)	Verschiedenheit	enchufe (m)	Steckdose
doble	doppel	encima de	über, auf
docena (f)	Dutzend	encontrar	finden
documento (m)	Dokument	encontrarse	sich treffen
doler	weh tun,	encontrarse con	sich treffen mit
	schmerzen	enero (m)	Januar
dolor (m)	Schmerz	enfrente	gegenüber
dolor de barriga (m)	Bauchschmerzen	enlazar	festbinden
dolor de cabeza (m)	Kopfschmerzen	ensalada (f)	Salat
dolor de muelas (m)	Zahnschmerzen	enseguida	sofort
domingo (m)	Sonntag	entender	verstehen
dominio (m)	Beherrschung	enterarse	erfahren
donde	wo	enterrar	begraben,
dorado	golden		eingraben
dormir	schlafen	entidad (f)	Unternehmen,
ducharse	sich duschen		Firma
duda (f)	Zweifel	entonces	also, dann
dulce	süß	entrada (f)	Eintritt, Eintritts-
durante	während		karte
		entrar	hereinkommen
E		enviar	schicken, senden
echar un vistazo	Ausschau halten	época (f)	Epoche, Zeit
Edad Media (f)	Mittelalter	equipaje (m)	Gepäck
edificio (m)	Gebäude	es decir	das heißt
ejemplo (m)	Beispiel	escalera (f)	Treppe
ejercicio (m)	Übung	escapar	entgehen
eléctrico	elektrisch	escribir	schreiben
elegir	auswählen, wählen	escuchar	hören, zuhören
embarazo (m)	Schwangerschaft	ese	der da
embutido (m)	Wurstwaren	esencialmente	wesentlich, haupt-
emisión (f)	Ausgabe; Sendung		sächlich
empaquetado	abgepackt	eso	das da
empastar	plombieren	espacio (m)	Weltraum; Platz
empaste (m)	Füllung	espada (f)	Schwert
emperador (m)	Kaiser	especialidad (f)	Spezialität
empezar	anfangen, beginnen	especialmente	besonders
empleado (m)	Angestellter	especie (f)	Art
empotrar	einfügen	espectáculo (m)	Spektakel
empresa (f)	Firma,	espejo (m)	Spiegel
	Unternehmen	esperar	warten, hoffen
empujar	schieben	esquina (f)	Ecke
en especial	insbesondere	estable	fest, stabil
encantado	es freut mich sehr	establecer	herstellen

estado (m)	Zustand
estancia (f)	Aufenthalt
estante (m)	Bord
estar	sein
estar a punto de	kurz davor sein
estar de camino	unterwegs sein
estar de vaca-	in Urlaub sein,
ciones	Urlaub machen
estar hecho polvo	kaputt sein
estar pendiente	aufmerksam sein
estar seguro	sicher sein
estar sentado	sitzen
estar situado	liegen
este	dieser hier
este (m)	Ost
estrecho	eng
estropear	kaputt machen,
	zerstören
estudiante (m)	Student, Schüler
estupendamente	sehr gut, wunderbar
estupendo	prima, wunderbar
evidentemente	selbstverständlich
exactitud (f)	Genauigkeit
exacto	genau
examen (m)	Prüfung
excepcional	ausgezeichnet
existir	bestehen
explicar	erklären
exponer	ausstellen
exquisita	ausgezeichnet
extrañarse	erstaunt sein über
extranjero (m)	Ausland; Ausländer
extremo (m)	Ende; Extrem

F

fachada (f)	Fassade
fácil	leicht
falda (f)	Rock
faltar	fehlen
fama (f)	Ruf, Ruhm
familia (f)	Familie
famoso	bekannt, berühmt
fantástico	phantastisch
faro (m)	Licht
febrero (m)	Februar
fenómeno (m)	Phänomen
fértil	fruchtbar
ficción (f)	Dichtung; Vor-
	stellung
fiesta (f)	Feier
figurarse	sich vorstellen

fijarse	beachten
fin de semana (m)	Wochenende
final (m)	Ende
firmar	unterschreiben
flan (m)	Karamelpudding
flor (f)	Blume
folleto (m)	Broschüre
fondo (m)	Hintergrund, Boden
forjar	schmieden
formidable (m)	wunderbar, prima
formulario (m)	Formular
fortaleza (f)	Festung
fortificación (f)	Befestigung
foto (f)	Bild
con frecuencia	oft
fregadero (m)	Spüle
fregar	spülen
freir	fritieren
freno (m)	Bremsen
fresco	frisch
frigorífico (m)	Kühlschrank
frío	kalt
frito	fritiert
fruta (f)	Obst
fuente (f)	Schlüssel
fuerte	stark
funcionario (m)	Beamter
fundador (m)	Gründer
fundar	gründen
furioso	rasend

G

galleta (f)	Keks
gamba (f)	Scampi, Krevette
ganar	gewinnen;
	verdienen
garaje (m)	Garage
gas (m)	Gas, Kohlensäure
gaseosa (f)	Limonade
gasolina (f)	Benzin
gasolinera (f)	Tankstelle
gente (f)	Leute
gigantesco	riesig
ginecólogo (m)	Frauenarzt,
	Gynäkologe
giro postal (m)	Postanweisung
girola (f)	Chorumgang
gobernar	regieren
gobierno (m)	Regierung
golosina (f)	Süßigkeiten
gótico	gotisch

gracias	danke	**I**	
grado (m)	Grad	ibérica	iberisch
grande	groß	ida y vuelta	hin und zurück
grandiosidad (f)	Großartigkeit	idioma (m),	Sprache
granito (m)	Granit	idiota (m)	Idiot
granizo (m)	Hagel	iglesia (f)	Kirche
gritar	schreien, rufen	igualmente	gleichfalls
guantera (f)	Handschuhfach	imaginar	ausdenken;
guapo	hübsch		vorstellen
guardia civil (f)	Landpolizei	ilustre	berühmt
guarnición (f)	Beilage	imagen (f)	Bild
guía (f)	Führer	impaciente	ungeduldig
guía de teléfo-	Telefonbuch	imponerse	sich durchsetzen
nos (f)		importante	wichtig
gustar	gefallen, mögen	imposible	unmöglich
gusto (m)	Geschmack	impresión (f)	Eindruck
		impresionante	beeindruckend,
H			eindrucksvoll
habitación (f)	Zimmer	impresionista (m)	Impressionist
habitante (m)	Einwohner	impuesto (m)	Steuer
hablar	sprechen	incisivo (m)	Schneidezahn
hacer	tun, machen	incluido	inklusiv
hacer falta	nötig sein	incluso	sogar
hacer las	Koffer packen	indicación (f)	Tip, Hinweis
maletas (f)		indicar	zeigen
hambre (f)	Hunger	individual	Einzel-
harina (f)	Mehl	industrializada	industrialisiert
hasta	bis	infanta (f)	Infantin, span.
hasta mañana	bis morgen		Prinzessin
hecho (m)	Tatsache	inferior	unterer
helado (m)	Eiscreme	infinitamente	unendlich
heredar	erben	informarse	sich informieren
herido	verletzt	inimaginable	unvorstellbar
hermana (f)	Schwester	insistir	bestehen
hermano (m)	Bruder	insistir en algo	auf etwas bestehen
hielo (m)	Eis	insular	Insel-
hierro (m)	Eisen	intenso	intensiv
hija (f)	Tochter	intentar	versuchen
hijo (m)	Sohn	interés (m)	Interesse
historia (f)	Geschichte	intermitente (m)	Blinker
hombre (m)	Mann	interruptor (m)	Schalter
honor (m)	Ehre	introducir	einstecken
hora (f)	Uhrzeit; Uhr;	invierno (m)	Winter
	Stunde	invitado (m)	Gast
horario (m)	Stundenplan	invitar	einladen
horno (m)	Backofen	ir	gehen
hospital (m)	Krankenhaus	ir adelantado	vor gehen
hotel (m)	Hotel	ir de compras	einkaufen gehen
hoy	heute	irse	weggehen, gehen
huevo (m)	Ei		
húmedo	feucht	**J**	
hundido	versenkt	jabón (m)	Seife

jamón (m)	Schinken	loco	verrückt
jamón de York (m)	gekochter Schinken	lograr	erreichen
jardín (m)	Garten	luchar	kämpfen
juego de café (m)	Kaffeeservice	lugar (m)	Ort
jueves (m)	Donnerstag	luminoso	erhellt, hell
jugar	spielen	luna (f)	Mond
jugar a los	Schiffe versenken	lunes (m)	Montag
barcos (m)	spielen	luz (f)	Licht
julio (m)	Juli		
junio (m)	Juni	**M**	
		macizo (m)	Beton
L		madre (f)	Mutter
lácteo	Milch	madrugada (f)	früher Morgen,
lado (m)	Seite		Tagesanbruch
lamentar	beklagen, bedauern	magnífico	prächtig, ausge-
lana (f)	Wolle		zeichnet
lapicero, lápiz (m)	Bleistift	mal	schlecht
largo	lang	mala hierba (f)	Unkraut
lástima (f)	schade	maleta (f)	Koffer
lavadora (f)	Waschmaschine	malo	böse, schlecht
lavavajillas (m)	Geschirrspüler	mañana (f)	Morgen
leche (f)	Milch	mandíbula (f)	Kiefer
lechuga (f)	Salat	mano (f)	Hand
leer	lesen	mantel (m)	Tischdecke
lengua (f),	Sprache	mantequilla (f)	Butter
lejo	weit	manzana (f)	Apfel
letra (f)	Buchstabe	mapa (m)	Stadtplan
letrero (m)	Schild	maravilla (f)	Wunder
levantarse	aufstehen	maravilloso	wunderbar
leyenda (f)	Legende	marcar	wählen
libre	frei	margarina (f)	Margarine
libro (m)	Buch	marido (m)	Ehemann
limpiar	sauber machen,	marisco (m)	Meeresfrucht
	putzen	marrón	braun
lino (m)	Leinen	martes (m)	Dienstag
líquido (m)	Flüssigkeit	marzo (m)	März
lista (f)	Liste	mayo (m)	Mai
lista de la	Einkaufszettel	mayor	größter
compra (f)		medianoche (f)	Mitternacht
listo	fertig, klug	médico (m)	Arzt
llamada	sogenannt	medico de	allgemeiner Arzt,
llamar	nennen; rufen	cabecera	praktischer Arzt
llamar (por telé-	anrufen, telefonie-	medio	halb
fono)	ren	medio kilo (m)	Pfund
llamarse	heißen	mediodía (m)	Mittag
llano	weit	mejor	bester; besser
llave (f)	Schlüssel	mejorar	verbessern
llegada (f)	Ankunft	mejoría (f)	Besserung
llegar	ankommen	melón (m)	Melone
llover	regnen	menos	weniger
lluvia (f)	Regen	menos mal	Gott sei Dank
lo siento	es tut mir leid	menta (f)	Pfefferminz
localidad (f)	Eintrittskarte;	merecer	verdienen; lohnen
	Örtlichkeit	merecer la pena	sich lohnen

mermelada (f)	Marmelade	negro	schwarz
mesa (f)	Tisch	neumático (m)	Reifen
meseta (f)	Binnenland	ni idea	keine Ahnung
meta (f)	Ziel	nieto (m)	Enkelkind
meter	hineinbringen	ningún	keiner
metro (m)	U-Bahn	niño (m)	Kind
miedo (m)	Angst	nivel (m)	Niveau
mientras que	während	nivel del mar (m)	Meeresspiegel
mientras tanto	inzwischen	noche (f)	Abend, Nacht
miércoles (m)	Mittwoch	nocturno	nächtlich
mínimo	minimum; kleinster;	nombre (m)	Name
	niedrig	noroeste (m)	Nordwest
minucioso	minuziös,	norte (m)	Nord
	ausführlich	noticia (f)	Nachricht
miopía (f)	Kurzsichtigkeit	novia (f)	Freundin
mirar	schauen	noviembre (m)	November
mismo	selber, gleicher	nuevo	neu
mitad (f)	Mitte	número (m)	Nummer, Zahl
molestar	stören		
monarca (m)	Monarch	**O**	
monasterio (m)	Kloster	obispo (m)	Bischof
moneda (f)	Münze, Geld;	obra (f)	Bauarbeit, Werk
	Währung	observar	beobachten
montón (m)	Haufen	ocasionar	verursachen
moqueta (f)	Teppichboden	octubre (m)	Oktober
moreno	braun	oculista (m)	Augenarzt
morir	sterben	ocupado	beschäftigt
mosto (m)	Most	oeste (m)	West
mostrador (m)	Theke; Schalter	oficina (f)	Büro
mostrar	zeigen	oficina de	Postamt
moto (f)	Motorrad	Correos (f)	
muchas gracias (f)	vielen Dank	ofrecer	bieten, anbieten
muchísimo	sehr viel	oftalmólogo (m)	Augenarzt
mucho gusto	sehr erfreut	oido (m)	Ohr
muela (f)	Zahn, Backenzahn	oir	hören
mujer (f)	Frau, Ehefrau	oler	riechen
múltiple	vielfältig	oliva (f)	Olive
muralla (f)	Stadtmauer	olvidar	vergessen
musulmán (m)	Moslem	onda (f)	Welle
		oportunidad (f)	Möglichkeit
N		ordenador (m)	Computer
nacer	geboren werden	orfebre (m)	Gold-, Silber-
naranja (f)	Orange; orange		schmied
nata (f)	Sahne	origen (m)	Ursprung
natal	Geburts-	ornamentación (f)	Verzierung
natural	natürlich, Natur-	otoño (m)	Herbst
naturalmente	natürlich	otorrinolaringólogo	Hals-Nasen-Ohren-
nave (f)	(Kirchen-) Schiff;	(m)	arzt
	Gang	otro	anderer
naviera	Schifffahrts-		
necesario	nötig	**P**	
necesitar	brauchen, benö-	padre (f)	Vater
	tigen	pagar	(aus bet) zahlen

país (m)	Land, Staat	perfume (m)	Parfum
palabra (f)	Wort	permitir	erlauben
palacio (m)	Palast	pertenecer	gehören
pan (m)	Brot	pesadilla (f)	Alptraum
pan integral (m)	Vollkornbrot	pesado	schwer
panadería (f)	Bäckerei	pescado (m)	Fisch
panorama (f)	Rundblick	picada	gehackt
pantalla (f)	Bildschirm	picor (m)	Jucken
pantalón/panta-	Hose	piedra (f)	Stein
lones (m)		piel (f)	Haut, Leder
panteón (m)	Mausoleum	pimienta (f)	Pfeffer
papel (m)	Papier	pinacoteca (f)	Pinakothek
papel higiénico (m)	Toilettenpapier	pincel (m)	Pinsel
parar	halten, stoppen	pincho (m)	Häppchen
parecer	scheinen, erschei-	pintora (f)	Malerin
	nen	pintor (m)	Maler
pariente (m)	Verwandter	pintura (f)	Malerei
parte (f)	Teil	placer (m)	Vergnügen
parte meteoroló-	Wetterbericht	plata (f)	Silber
gico (m)		plateresco (m)	plateresker Stil
particularidad (f)	Besonderheit	platero (m)	Silberschmied
partido de	Fußballspiel	plato (m)	Teller
fútbol (m)		plomo (m)	Blei
pasado	vergangener,	población (f)	Bevölkerung
	letzter	poblado	besiedelt
pasajero (m)	Passagier	poco	wenig
pasaporte (m)	Paß	poder	können, dürfen
pasar	vorbeigehen,	policía (f)	Polizei
	geschehen	policía (m)	Polizist
pasear	spazierengehen	político (m)	politisch; Politiker
pasillo (m)	Gang	polvo (m)	Pulver, Staub
paso (m)	Einheit; Schritt	poner	stehen;
pasta (f)	Gebäck, Plätzchen;		(hin)stellen;
	Nudeln		anschalten
pastilla (f)	Tablette	por cierto	gewiß
pastilla de jabón (f)	Stück Seife	por excelencia	schlechthin
patata (f)	Kartoffeln	por favor	bitte
patatas fritas (f)	Pommes frites	por qué	warum
patio de butacas (m)	Parkett	por suerte	zum Glück
peaje (m)	Gebühr	por supuesto	selbstverständlich
peatón (m)	Fußgänger	porque	weil
pediatra (m)	Kinderarzt	posguerra (f)	Nachkriegszeit
pegatina (f)	Aufkleber	posible	möglich
peinarse	sich kämmen	postre (m)	Nachtisch
pelo (m)	Haar	precio (m)	Preis
península (f)	Halbinsel	predominante-	hauptsächlich
pensión (f)	Pension	mente	
pepino (m)	Gurke	preferir	vorziehen, lieber
pequeño	klein		sein
pera (f)	Birne	prefijo (m)	Vorwahl
perder	verlieren	preguntar	fragen
perdonar	entschuldigen	preocupado	besorgt
perfecto	perfekt	preocuparse	sich kümmern

preparar	vorbereiten, zubereiten
prestar	leihen, ausleihen
prestigioso	berühmt
prever	voraussagen
primavera (f)	Frühling
primero	zuerst
principal	Haupt-
prisionero (m)	Gefangener
probable	möglich
probar	erproben, kosten, anprobieren
profesor (m)	Lehrer
programador (m)	Programmierer
prohibir	verbieten
pronóstico (m)	Vorhersage, Voraussage
pronto	früh
propiedad (f)	Eigentum
propina (f)	Trinkgeld
proponer	vorschlagen
proporción(f)	Verhältnis, Proportion
próximo	nächster
pueblo (m)	Dorf
puerta (f)	Tür
puerto (m)	Hafen
pues claro	aber natürlich
puro	rein

Q

qué	was
qué fastidio	wie unangenehm
quedar	übrigbleiben, sich verabreden
quedarse	bleiben
querer	wollen, lieben
queso (m)	Käse
quién	wer
química (f)	Chemie
quizá	vielleicht

R

ración (f)	Ration, Portion
radio (f)	Radio
radiotransmisor (m)	Funkgerät
raíz (f)	Wurzel
rana (f)	Frosch
rastrillo (m)	Rechen, Harke
rastro (m)	Flohmarkt
rayo (m)	Blitz
rayos X	Röntgenstrahlen

realidad (f)	Wirklichkeit
recargo (m)	Zuschlag
receta (f)	Rezept
recibir	empfangen, bekommen
recibo (m)	Quittung
reclamación (f)	Reklamation
recoger	abholen, aufräumen
recomendar	empfehlen
reconquista (f)	Wiedereroberung
recordar	sich erinnern
redondo	rund
reflejar	spiegeln
región (f)	Region, Land
regresar	zurückkehren
regreso (m)	Rückkehr
rellenar	ausfüllen
reloj (m)	Uhr
remolcar	abschleppen
repentino	plötzlich
representar	darstellen
reservar	reservieren
resfriado (m)	Erkältung
residir	wohnen; bestehen
respirar	atmen
responder	antworten
resto (m)	Rest
retablo (m)	Retabel
retención (f)	Stau
retrato (m)	Bildnis
rey (m)	König
ridículo	lächerlich
riguroso	streng
rogar	bitten
rojo	rot
románico	romanisch
ronda (f)	Runde
rondar	um ... sein
rosa (f)	Rose
rosado, rosa	rosé
roto	kaputt
rueda (f)	Rad

S

sábado (m)	Samstag
saber	wissen
sabor (m)	Geschmack
sabrosa	schmackhaft
sacar	herausziehen, herausnehmen, abheben
sal (f)	Salz

sala (f)	Saal, Zimmer
sala de espera (f)	Wartesaal, Warte-zimmer
salchicha (f)	Wurst
salir	abfahren, weg-gehen, ausgehen
salmón (f)	Lachs
saludo (m)	Gruß
salvo	unbeschädigt, unver-letzt, in Sicherheit
salvo	außer
sarampión (m)	Masern
sartén (f)	Pfanne
seco	trocken
sed (f)	Durst
seda (f)	Seide
seguir	weitergehen, fort-fahren
según	es kommt darauf an
seguro	sicher
seguro (m)	Versicherung
sello (m)	Briefmarke
semana (f)	Woche
señal (f)	Zeichen
señal de llamada (f)	Wählton
sencillamente	einfach
señor (m)	Herr
sentarse	sich setzen
septiembre (m)	September
ser	sein
servicio (f)	Bedienung
servicio de carre-teras (f)	Straßendienst
servilleta (f)	Serviette
servir	(be)dienen
siempre	immer
sierra (f)	Gebirge
siglo (m)	Jahrhundert
siguiente	nächster
sillería (f)	Chorgestühl
sinagoga (f)	Synagoge
sitio (m)	Ort, Platz
situado	gelegen
sobre	über
sobriedad (f)	Schlichtheit
sobrio	schlicht
sol (m)	Sonne
soleado	sonnig
soler	pflegen
solo	allein
sólo, solamente	nur

soltero	ledig
sombra (f)	Schatten
sonar	klingen
sopa (f)	Suppe
sorpresa (f)	Überraschung
suceder	geschehen
sucio	schmutzig
suelo (m)	Boden
sueño (m)	Traum
suerte (f)	Glück
suficiente	genug
superficie (f)	Fläche, Oberfläche
superior	oberer
supersticioso	abergläubisch
suponer	vermuten
sur (m)	Süden
surtidor (m)	Tanksäule

T

tabaco (m)	Tabak
tableta de choco-late (f)	Tafel Schokolade
tacón (m)	Absatz
talar	fällen
taller de repara-ciones (m)	Werkstatt
también	auch
tampoco	auch nicht
tan pronto como	sobald
taquilla (f)	Kasse
tarde	spät
tarde (f)	Nachmittag, Abend
tareas de la casa (f)	Hausarbeit
tarjeta (f)	Karte
tarjeta de crédito (f)	Kreditkarte
tarjeta postal (f)	Postkarte
té (m)	Tee
teléfono (m)	Telefon
televisor (m)	Fernsehen
televisor en color (m)	Farbfernsehen
temperatura (f)	Temperatur
tendencia (f)	Tendenz
tender	neigen zu
tenedor (m)	Gabel
tener	haben
tener cuidado	aufpassen
tener ganas de	Lust haben auf
tener que	müssen
tener razón	Recht haben
terminar	beenden

terraza (f)	Terrasse
terrible	furchtbar
tía (f)	Tante
tiempo (m)	Wetter; Zeit
tienda (f)	Geschäft
timbre (m)	Glocke, Klingel
tío (m)	Onkel
tocado	getroffen
tocar	anfassen; ein Instrument spielen
todavía	noch
todo seguido	geradeaus
todos	alle
tomar	nehmen
tomar el pelo	auf den Arm nehmen
tontería (f)	Dummheit
toro (m)	Stier
torre (f)	Turm
tortilla (f)	Omelett
tostador (m)	Toaster
trabajar	arbeiten
trabajo (m)	Arbeit
traer	(mit)bringen
tráfico (m)	Verkehr
tranquilamente	ruhig, gelassen
transbordador (m)	Fähre
tránsito (m)	Übergang, Überfahrt
transporte (m)	Transport
tratarse de	um etwas gehen
trayecto (m)	Strecke
tren (m)	Zug, Eisenbahn
trueno (m)	Donner
tutearse	sich duzen

U

último	letzter
un poco	ein bißchen
único	einmalig; einzelner
unir	verbinden
Universidad (f)	Universität
usted	Sie (Sg.)
ustedes	Sie (Pl.)
utilizar	benutzen, gebrauchen

V

vacaciones (f)	Urlaub
vale	In Ordnung, O.K.
valioso	wertvoll
variado	unterschiedlich

variar	ändern, wechseln
variedad (f)	Vielfältigkeit
varios	einige, mehrere
venir	kommen
venta (f)	Verkauf
venta anticipada (f)	Vorverkauf
ventana (f)	Fenster
ventanilla (f)	Schalter; wörtl.: kleines Fenster
ver	sehen
verano (m)	Sommer
verdad (f)	Wahrheit
verdadero	echt
verde	grün
verdura (f)	Gemüse
versión (f)	Fassung
vestido (m)	Kleid
vestirse	sich anziehen
vez (f)	Mal
viaje (m)	Reise, Fahrt
victoria (f)	Sieg
vida (f)	Leben
viejo	alt
viento (m)	Wind
viernes (m)	Freitag
vinagre (m)	Essig
vino (m)	Wein
vino blanco (m)	Weißwein
vino rosado (m)	Roséwein
vino tinto (m)	Rotwein
visitante	Besucher
visitar	besuchen, besichtigen
vivir	leben, wohnen
volcánico	vulkanisch
volver	zurückkommen
volver + a + Inf.	wieder + Inf.
vuelo (m)	Flug
vuelta (f)	Drehung, Runde

Y

| ya | schon |

Z

zapato (m)	Schuhe
zona (f)	Gebiet, Zone
zona costera (f)	Küstengebiet
zona peatonal (f)	Fußgängerzone
zumo (m)	Saft
¿verdad?	nicht wahr?